Metrópole: Abstração

Coleção Estudos
Dirigida por J. Guinsburg

Equipe de realização – Edição de texto: Lilian Miyoko Kumai; Revisão de provas: Marcio Honorio de Godoy; Sobrecapa: Sergio Kon, a partir de desenho de Ricardo Marques, s/ título, nanquim sobre cartolina; Produção: Ricardo Neves e Raquel Fernandes Abranches.

Ricardo Marques de Azevedo

METRÓPOLE: ABSTRAÇÃO

Dados Internacionais de Catalogação na Publicação (CIP)
(Câmara Brasileira do Livro, SP, Brasil)

Azevedo, Ricardo Marques de
    Metrópole: abstração / Ricardo Marques de Azevedo. – São Paulo : Perspectiva, 2006. – (Estudos ; 224 / dirigida por J. Guinsburg)

    Bibliografia.
    ISBN 85-273-0749-9

    1. Urbanismo 2. Urbanismo - Filosofia I. Guinsburg, J. II. Título. III. Série.

05-9961   CDD-711

Índices para catálogo sistemático:
1. Urbanismo   711

Direitos reservados à
EDITORA PERSPECTIVA S.A.
Av. Brigadeiro Luís Antônio, 3025
01401-000   São Paulo   SP   Brasil
Telefax: (0--11) 3885-8388
www.editoraperspectiva.com.br
2005

Sumário

Índice das Ilustrações IX

1. As Capitais 1
2. A Metrópole 9
3. A Lírica Moderna 21
4. A Teleologia Do Novo Mundo 33
5. As Vanguardas 45
6. Arrebóis do Novo 61
7. Certas Luzes 85
8. Alegoria 105

Posfácio – *Leon Kossovitch* 111
Bibliografia 123

Índice das Ilustrações

1. Cidade de Blocos, desenho de Ludwig Hilberseimer x
2. Plano de Sisto V para Roma xii
3. *Trânsito em Londres*, gravura de Gustave Doré 8
4. *Retrato de Baudelaire*, óleo sobre tela de Gustave Courbet 20
5. Villa a Carthage, croqui de Le Corbusier 32
6. *A Torre Eiffel*, óleo de Robert Delannay 44
7. Maquete da Torre de Tátlin 60
8. Perspectiva Axionométrica do Pavilhão de Melnikov 70
9. Frontispício do *Essay sur l'Architecture* de Laugier 84
10. *Smierc*, desenho de Paul Klee 104
11. *O Rapto de São Paulo*, de Nicola Poussin 110
12. Plano Urbanístico para São Paulo, desenho de Le Corbusier 122

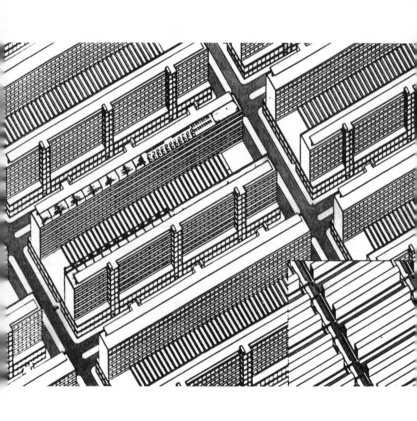

Essa insegurança conferia um amplo pano de fundo à indagação pessoal de Ulrich. Antigamente, ser uma pessoa deixava a gente com consciência mais tranqüila. As pessoas pareciam-se com espigas de cereal; talvez fossem mais violentamente abaladas por Deus, granizo, fogo, peste e guerra do que agora, mas o eram em conjunto como cidade, campo, país; e o que restava de movimento pessoal à espiga isolada era uma responsabilidade que se podia tomar, algo claramente delimitado. Hoje, em contrapartida, a responsabilidade já não tem seu centro de gravidade no homem, mas em contextos objetivos. Não notaram que as vivências agora independem das pessoas? Transferiram-se para os teatros, os livros, os relatórios dos centros de pesquisa e viagens de estudo, estão nas comunidades ideológicas ou religiosas, que desenvolvem certos tipos de vivências à custa de outros, como uma tentativa experimental no campo social. E na medida em que hoje as vivências não se situam no trabalho, ficam no ar; quem ainda pode dizer, hoje em dia, que sua raiva é realmente sua raiva, quando tantas pessoas se metem no assunto e entendem mais do que ela?! Surgiu um mundo de qualidades sem homem, de vivências sem quem as vive, e quase parece que, num caso ideal, o ser humano já não vive mais nada pessoalmente, e o amável peso da responsabilidade pessoal se dilui num sistema de fórmulas de significados possíveis. Provavelmente a diluição do comportamento antropocêntrico que julgou o homem centro do universo, mas há séculos está desaparecendo, por fim chegou ao próprio eu; pois a crença de que o mais importante na vivência é que se a viva, e na ação o mais importante é que se aja, começa a parecer ingenuidade para a maioria das pessoas. Mas ainda há quem viva de maneira inteiramente pessoal. Eles dizem: "ontem estivemos aqui ou ali", ou "hoje vamos fazer isso ou aquilo", e se alegram, sem que seja necessário que tudo isso tenha outro conteúdo ou significação. Gostam de tudo que podem tocar com os dedos, e são tão absolutamente indivíduos particulares quanto é possível ser; o mundo torna-se seu mundo particular assim que tem a ver com eles, e brilha como um arco-íris. Talvez sejam muito felizes; mas esse tipo de gente habitualmente parece absurdo aos outros, embora não se saiba por quê.

E de repente, pensando nisso, Ulrich teve de admitir, sorrindo, que ele era um caráter, sem ter caráter algum.

ROBERT MUSIL, *O Homem Sem Qualidades*

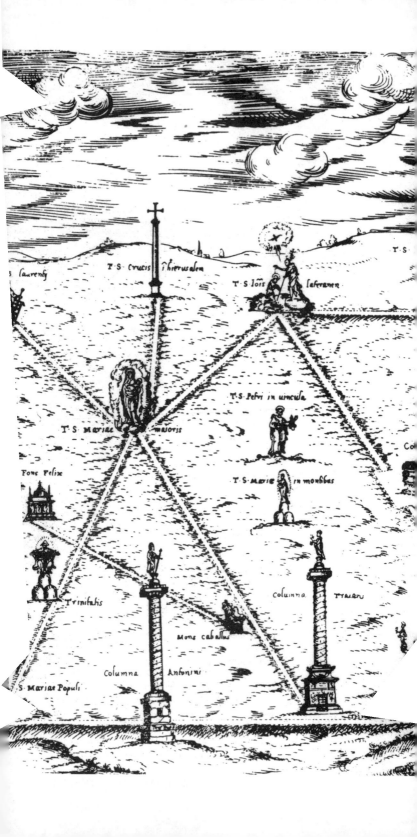

1. As Capitais

> *Os provincianos, na França, fazem-se um modelo ridículo do que deve ser no mundo a consideração de um cavalheiro e a seguir eles montam a armadilha e passam toda a vida a observar se alguém cai nela. Assim, mais que naturais, eles são afetados e essa mania torna ridículo até mesmo seu amor. É, depois da inveja, o que torna mais insuportável a estadia em pequenas cidades e é o que se deve dizer quando se admira a situação pitoresca de algumas delas. As emoções mais generosas e mais nobres são paralisadas pelo contacto com o que há de mais baixo entre os produtos da civilização. Para acabar de se tornarem detestáveis, esses burgueses só falam da corrupção das grandes cidades*[1]

L'Europe des Capitales: 1600-1700 (*A Europa das Capitais*) é o título conferido por Giulio Carlo Argan para seu ensaio que tem por tema a Arte seiscentista, no qual refere ao fenômeno urbano despontante – a consolidação das cidades capitais – como o elemento articulador da peculiaridade daquele século, como índice da ordem política que então se estabelece e como referente para os modos característicos pelos quais circulam, então, valores, artes e idéias.

A capital – exorbitando do seu pregresso caráter *municipal* – torna-se, assim, o centro político do Estado nacional unificado por uma

---

1. "Como eles se policiam uns aos outros, por inveja, e pelo que se refere ao amor, há menos amor e mais libertinagem na província. A Itália é mais feliz" (N. do A.). Stendhal, *De l'Amour*, p. 129-130.

soberania crescentemente absolutista e, como o étimo sugere – *caput* –, implica a conjugação com seu corpo, territórios submetidos a seu comando. Ela será, em geral, uma cidade antiga – pois interessa que o testemunho da ancestralidade nela esteja inscrito –, transtornada pelos efeitos de um incremento demográfico acelerado, que, de início, provoca mais adensamento do que expansão. Mais tarde, transbordando do perímetro amuralhado, perfaz uma dimensão que nem o olhar mais bem situado abarca inteiramente e tampouco o grito ou o carrilhão pode ser ouvido por todos os cidadãos.

Tal cidade, crescendo, torna-se complexa e, assim, impõe que se implementem instrumentos legais e fiscalizatórios para as ações gerenciais do Estado – do soberano – pelas quais se controlem as iniciativas de particulares e se promovam intervenções intencionadas. Correlatamente, sancionam-se progressivamente o estabelecimento de usos, rotinas e normas peculiares – minudentes, abrangentes e impessoais – para a regulagem de suas interações internas. Nela se instalam as cortes – a real (ou papal) e as que em torno dela gravitam – e as instituições e aparelhos de Estado – guarnições permanentes, administração, justiça –, que se multiplicam pela centralização administrativa e pela implementação crescente de complicados procedimentos burocráticos, enquanto se consolida – concentrando bancos, bolsas e mercados – como centro de finanças e comércio, a partir do qual são geridos os negócios e controladas as trocas internacionais. As formas de riqueza que não as relativas à posse ou à propriedade de direitos fundiários têm por matriz, sobretudo, as capitais, nas quais burgueses endinheirados arremedam das velhas castas o consumo suntuário e se ampliam, pelos modismos e por novos hábitos, as oportunidades para a ostentação, a jactância e a intriga, mas também para o refinamento e o ridículo.

As capitais, às quais é também conferida a incumbência de representar a relevância do poder nelas sediado, recebem intervenções urbanísticas pontuais de modo a que esses lugares, materializando-os, reflitam e reverberem, pelo seu concerto de elementos representativos e simbólicos, os propalados lustre e dignidade das instituições que albergam. Caso modelar é Roma, recuperada do abandono de suas veneráveis ruínas e alçada à condição de hipotipose da glória da Igreja militante para assinalar o poder espiritual, transnacional, do qual é sede. Na *Roma Triumphans* se recuperam e se cenografam certos monumentos de seu passado republicano e imperial, que lhe caucionam a antiguidade e, por extensão, a legitimidade. Ao mesmo tempo –desde as iniciativas de Nicolau V, desdobradas quando da reforma projetada por Domenico Fontana sob Sisto V e continuadas e ampliadas por seus sucessores –, a *Urbe* é renovada e posta a serviço da estratégia política pós-tridentina do papado. É assim, sobretudo, Roma que será tomada por referente e exemplo para as demais capitais. Paris, Madrid, Turim, Londres (após o incêndio de 1666) ou, mais tarde, Lisboa (depois do terremoto de 1755) são algumas das cidades em que – pela disposição do monarca e pela ação de seus prepostos –, na trama medieval, são assinalados velhos monumentos, abertos novos logradouros – avenidas, praças – e erigidas específicas edificações – igrejas, palácios – pelas quais se ressalta sua contemporaneidade relativa às estruturas políticas consolidadas e aos modos representativos que lhes correspondem.

Enquanto nos séculos XVI e XVII são reordenadas, com intervenções precisas, parcelas de velhas capitais, no XVIII projetam-se também novas, Washington e São Petersburgo, marcando-se assim a emergência da nascente nação e a renovação, ocidentalizada e ilustrada, da antiga. Seus planos foram configurados segundo a compostura das proposições de certo Urbanismo iluminista: engastam a uma ordenação reticulada, núcleos irradiantes, de forma que o policentrismo propicie a justa enfatização dos pontos nodais, monumentais, sem com isso menoscabar as demandas utilitárias de alocação e de acessibilidade. A euritmia da quadrícula hipodâmica[2] destaca os *lugares* privilegiados, perspectivando uma racionalidade orgulhosa de si nos ornatos em que, decorosa, pretende exibir-se. O abade Laugier, em seu *Ensaio sobre a Arquitetura*, enuncia tal ideal cívico e urbanístico:

> Não é, pois, uma pequena tarefa desenhar o plano de uma cidade, de modo que a magnificência do todo se subdivida em uma infinidade de belezas de detalhe sempre diferentes, que não se reencontrem quase nunca os mesmos objetos, que a percorrendo de um a outro lado, encontre-se a cada quarteirão algo de novo, de singular, de surpreendente, que haja a ordem e também uma certa confusão, que tudo esteja alinhado, mas sem monotonia e que de uma multidão de partes regulares resulte no todo uma certa idéia de irregularidade e de caos que fica tão bem às grandes cidades. É preciso para isso proceder eminentemente a arte das combinações e ter uma alma plena de fogo e de sensibilidade para as mais justas e felizes emoções[3].

Esta auspiciosa conjugação de Senso e Sensibilidade, que o desenho de Christopher Wren para Londres antecipara, informa também a reforma pombalina de Lisboa, bem como as reurbanizações localizadas que, efetuadas em centros urbanos – e não apenas em capitais –, celebravam-lhes a relevância nacional ou regional. A capital – cidade aberta e encru-

---

2. Hipodâmico (adjetivo) – Hipodamos de Mileto (séc. V a.C.): arquiteto responsável, segundo indicações literárias difíceis de conciliar, por diversas obras de organização urbana na Grécia. Além do arranjo da sua cidade, Mileto, refundada após 479, atribui-se a ele a reorganização do Pireu, porto de Atenas, a pedido de Péricles, em meados do século V a.C., a ordenação da colônia pan-helênica de Thourioi, fundada em 444 a.C., no lugar da antiga Sybaris (destruída em 511) e a supervisão da construção da nova cidade de Rodes, em 408. Desde a Antigüidade, credita-se a Hipodamos a concepção de um desenho urbano perfeitamente ortogonal, no qual as ruas se cruzam em ângulos retos e definem quarteirões regulares e de tamanho igual. Este plano é dito "hipodinâmico", a partir de seu nome, o que demonstra a celebridade deste arquiteto.

3. M.-A. Laugier, *Essai sur l'architecture*, p. 224.

zilhada de rotas e caminhos – implica um conjunto de cidades, núcleos provinciais (e coloniais), que, a ela subordinados, por sua vez, controlam uma parcela dos domínios. As capitais constituem-se, assim, a um só tempo, em cidades magnificadas e redes agregadas de centros urbanos, distendendo sistemas que, semelhantes ao circulatório, alcançam, capilarmente, as nações, os territórios interiores e as possessões coloniais.

No século XVII, as cortes se esmeram em ostentar a majestade: a magnificência alardeia a glória. Como a corte, a cidade é representação pela qual se dá visibilidade às hierarquias. Às capitais, como, posteriormente, às residências reais, é imputado o papel de alegorizar o primado do príncipe. Erigem-se, então, cenografias (e coreografias) para essas representações, que, convindo à retórica barroca, visam ao esplendor que persuade. Deste modo, nas vetustas e caprichosas tramas urbanas medievais entremetem-se outros traçados, então de armação geométrica, pelos quais, dispondo e ordenando, orientam-se percursos, ressaltam-se axialidades e se constroem perspectivas para monumentos ou sítios que – pela relevância cívica, histórica ou religiosa a eles consignada – cabe espetacularizar. Já naquele século se patenteia uma distinção, não meramente quantitativa, entre *capitais* e *cidades de província*. Salienta a crônica da época que naquelas, distinguindo-se um modo de vida próprio, promovem-se peculiares atividades sociais e uma intensa gravitação de erudição e entretenimento, festas e encenações, coleções e mecenatos, teatros e academias[4].

Em meados do século XVI, Paris soma uma população em torno de 400 mil almas e, ao final do século seguinte, em Londres já se conta o milhão. Desde o declínio da Roma Imperial, a Europa – à exceção da distante Constantinopla (antes, Bizâncio, hoje, Istambul) e da mourisca Córdoba – não mais conhecera tais concentrações: acumulando levas de camponeses, o contingente que aporta às grandes cidades é parcialmente assimilado pelo comércio ou pelos ofícios para o provimento da quantidade e da variedade de utilidades e futilidades que o requinte das capitais requer, mas é, também, em parte, colocado a serviço das cortes, com suas coortes de serviçais, acólitos e burocratas, ou ainda, em parte, posto a vagar como chusma. Diferentemente do que sucede nas cidades de província, a população que se aglomera nas capitais é heterogênea quanto à sua procedência e multifária quanto às suas atividades, vindo a configurar modos característicos de inter-relacionamento em ambiente estranho no qual, afora os estritos círculos familiais, vicinais e profissionais, seus concidadãos não se conhecem. Em contraste com a província – na qual por, de algum modo, todos se

---

4. "Doravante, haverá, de uma parte, uma cultura e uma arte da capital, abertas a todas as trocas internacionais e, de outra, uma cultura e uma arte de província, que podem atingir um nível elevado, mas que permanecem periféricas em relação às grandes correntes da metrópole". G. C. Argan., *L'Europe des capitales: 1600-1700*, p. 34.

conhecerem e se observarem diuturnamente, ignora-se o que se veio a ter por vida particular –, é na capital – "onde estranhos se encontram" – que, como na Roma pagã, a vida pública virá a se distanciar da privada. Escreve Richard Sennett:

> Dessa maneira, público veio a significar uma vida que se passa fora da vida da família e dos amigos íntimos; na região pública, grupos sociais complexos e díspares teriam de entrar em contacto inelutavelmente. E o centro dessa vida pública era a capital[5].

São os escritos dos *philosophes* da Ilustração que denunciam essa conjuntura e lhe conferem conotações morais: Montesquieu, um persa em visita a Paris, escarnece da tolice de seus costumes e da arbitrariedade de suas convenções. Mais tarde, Voltaire ridiculariza a província indicando, derrisório, que

> algumas há em que metade de seus habitantes são doidos, algumas onde são demasiado astuciosos, outras onde geralmente são bastante doces e estúpidos, outras onde se afeta espírito; e em todas a principal ocupação é o amor, a segunda é a maledicência, a terceira é dizer tolices.

Por outro lado, aduz que "(Paris) tem todas essas espécies; é um caos, uma aglomeração na qual todos buscam o prazer e onde quase ninguém o encontra"[6].

Jean-Jacques Rousseau, por sua vez, reitera sua repulsa à civilização e a seu produto mais cabal e corrompido, a metrópole:

> Numa cidade grande, cheia de pessoas intrigantes e desocupadas, sem religião nem princípios, e cuja imaginação, depravada pela ociosidade, pela indolência, pelo amor do prazer e por grandes necessidades, engendra apenas monstros e inspira apenas delitos; numa cidade grande, onde os costumes e a honra nada são, porque cada um, ocultando facilmente sua conduta da vista do público, mostra-se apenas por seu crédito e é estimado somente por suas riquezas[7].

Em meados do século XVIII, as imagens correntes de capital e província estão tipificadas: a capital é assinalada como o lugar da permanente metamorfose e da dissimulação generalizada, enquanto a província é designada como misoneísta e atrelada à renitência de hábitos e de tradições, embora a hipocrisia tampouco lhe seja estranha. Os parisienses vêem com desdém a ingenuidade caipira dos provincianos, enquanto estes anseiam por desfrutar da prodigalidade dos prazeres, oportunidades e aventuras que a imagem que se faz de Paris suscita.

---

5. R. Sennett, *O Declínio do Homem Público: As Tiranias da Intimidade*, p. 32.
6. Voltaire, *Candide*, em *Romans*, p. 132.
7. J.-J. Rousseau, "Lettre a M. d'Alembert" em *Du contrat social ou principes du droit politique et œuvres choisies*, p. 169.

É soez constatar entre os textos de letrados na *Ilustração* uma avaliação crítica, e por vezes cáustica, da alteridade e da dispersividade próprias ao modo de vida que se estabelece nas capitais, mas, ao mesmo tempo, é contumaz a manifestação de seu inconformismo com a mesmice e a modorra embotadora da província. No entanto, o empenho dos enciclopedistas – a consolidação dos conhecimentos e das técnicas em conjunto coerente e articulado, embasado no tido como *certo*, evidente, aferível ou demonstrável – é produto de uma concepção de Ciência e de circulação dos saberes peculiares a seu século e às querelas de uma capital[8]. Tendo sido o XVIII, no dizer de Denis Diderot, um *século filosófico*, um *tempo raciocinante*[9], a postulação da autarquia da Razão, em seu âmbito, levou a que o instituído fosse reconsiderado e, freqüentemente, denunciado no que se diz ter sido sua insensatez. Paralelamente, difundiu-se um viés abstratizante que questionava, por exemplo, o que deveria ser, incondicionadamente, o *homem*, a *razão*, o *direito*. Assim, a Grande Revolução, com seus ideais e palavras de ordem, autorizava, em nome da universalidade dos direitos ditos inerentes ao *gênero*, a perpetração de violências e violações em *indivíduos*. Alexis de Tocqueville, em inícios do século XIX, viu com apreensão esta maneira de – por meio de arrazoados, que, partindo de conceitos gerais, chegam dedutivamente ao singular, ou o abole – mediar relações humanas. Para ele, tal procedimento prenuncia uma forma inédita de despotismo, no qual o Estado se vale dos mesmos recursos de que sempre se valeram sectárias religiões.

A Revolução Francesa procedeu diante desse mundo precisamente da mesma maneira que as revoluções religiosas diante do outro. Considerou o cidadão de modo abstrato, fora de todas as sociedades particulares, como as religiões consideram o homem em geral, independentemente do país e do tempo. Não se indagou apenas sobre o direito particular do cidadão francês, mas também dos deveres e direitos gerais do homem em matéria política. Foi deste modo, por se haver remontado sempre ao que havia de menos particular e, por assim dizer, de mais natural na realidade do estado social e do governo, que pôde tornar-se compreensível por todos e imitável em centenas de lugares ao mesmo tempo[10].

---

8. A reavaliação e a reordenação dos conhecimentos, efetuada por *savants* na Ilustração, tornou-se viável e oportuna, porque, entre outras circunstâncias, havia então um público letrado e ávido, atento às postulações dos autores comprometidos com as Luzes, ainda quando para buscar refutá-las. Os ideais e idéias ilustrados foram ventilados em assembléias e *salons*, e até em conventos e dioceses, embora nem sempre com pertinência e fidelidade. Um bom indicador do interesse aventado é o elevado número de assinantes obtido, para os padrões da época, pela *Encyclopédie*, apesar dos estigmas e das conjuras da oposição clerical.

9. D. Diderot, verbete "Encyclopédie", em J. Le Rond d'Alembert; D. Diderot et alii., *Encyclopédie ou dictionnaire raisonné des sciences, des arts & des métiers*, p. 394.

10. A. de Tocqueville, "O Antigo Regime e a Revolução", em T. Jefferson et alii. *Escritos Políticos*, p. 329.

A Revolução – quando massas exaltadas assaltam ruas e logradouros detonando a ira contida de gerações humilhadas – faz desencobrir, com susto e pavor, que Paris encerra em si, terrível e ameaçadora, a população *perigosa*, a *turba*. Só grandes cidades acumulam tal energia – que pode num átimo deflagrar-se –, capaz até de conduzir à degola da monarquia e de interagir com o *Terror*, potenciando-o e levando a *Revolução* a avançar muito adiante daquilo que, a princípio, mesmo os mais arrebatados e visionários considerariam plausível, ainda que, a seguir, viesse a ser constrangida a retroceder. Isso ressalta o ressurgir de uma personagem que, desde a Antigüidade, não mais se apresentara: a multidão, a turbamulta inquieta, efeito qualitativo da quantidade, posto que além da maciça aglomeração, implica um comportamento e um *páthos* característicos[11].

Metrópoles são, então, tais hipertrofiadas aglomerações urbanas. E o serão também em seu sentido etimológico – cidade-mãe –, embora, do caráter maternal, retenham menos a ternura que a posse, pois é a partir delas que o mercado internacional é controlado, as ingerências políticas nos territórios articuladas e o comércio de bens e valores determinado. A centralização, efetuada a partir das metrópoles, do processo de internacionalização da economia, da política e da cultura, fá-las cidades, por excelência, *cosmopolitas*[12].

---

11. "Só em sua forma mais altamente organizada, ou regimentada, como em ocasiões estritamente cerimoniais, pode-se dizer que a multidão é apenas a soma total de suas partes". G. F. E. Rudé, *A Multidão na História: Estudo dos Movimentos Populares na França e Inglaterra, 1730-1848*, p. 255.

12. "[...] de acordo com o emprego francês registrado em 1738, cosmopolita é um homem que se movimenta despreocupadamente em meio à diversidade, que está à vontade em situações sem nenhum vínculo ou paralelo com aquilo que lhe é familiar". R. Sennett, op. cit., p. 32.

2. A Metrópole

> *O homem civilizado das imensas cidades retorna ao estado selvagem, isto é, a um estado de isolamento. O mecanismo social lhe permite esquecer a sensação, antes continuamente reavivada pela necessidade, de ligação necessária com a comunidade e com outros indivíduos. Cada aperfeiçoamento desse mecanismo torna inúteis determinados atos, modos de sentir e aptidões para a vida comum*[1].

O Urbanismo barroco configura *lugares*, assinala hierarquias e designa atributos. Para isto, figura articulações, proporciona geometrias, condiciona percursos e focaliza perspectivas. Cada conjunto urbano – pense-se, por exemplo, na Piazza di San Pietro em Roma, ou nas Place Dauphine e Place Royale em Paris, ou ainda nos palácios de Versailles e do Escorial – compõe uma totalidade acabada, na qual as relações estão meditadamente controladas, subordinando-se à unidade. A cidade é assim concebida como conjugação precisa de lugares singulares. As praças reais emblematizam – pela estátua, pela disposição urbana, pela composição – a providente soberania. No entanto, quando *princípios* principiam a destronar príncipes, diz Sylviane Agacinsky, referindo-se ao discurso revolucionário de Anacharsis Cloots na Assembléia: "É necessário que a Razão governe mas, onde está ela? Ela está no homem univer-

---

1. P. Valéry apud W. Benjamin, "Sur Quelques Thèmes Baudelairiens", em *Œuvres II, poésie et révolution*, p. 250.

sal. Onde está esse homem? Ele está em Paris. A Razão habita a cidade"[2].

A Paris da Grande Revolução não é apenas a capital da França, mas a capital do Universo, dos Direitos do Homem, a *Cosmópolis*[3]. É-lhe atribuída a missão de fazer reinar a Razão, estendendo-a a toda parte. Assim, ela deixa de ser uma parcela de território encravado na França e permeado de particularismos, para centrar um espaço genérico. No imaginário de Cloots, decapitado o derradeiro rei – *Louis Dernier* –, é a Capital, que, por ser Razão, realiza poder: ela alegoriza a transição do territorial como agenciamento de localidades, para o universal do espaço, vazio a ser operado pelas ponderações da Razão.

A soberania – que no absolutismo fora personificada na entidade do monarca – é postulada então como *emanada do povo e em seu nome exercida*: não mais relações de suserania, mas escolhas direcionadas em funções eletivas, não em personagens conatamente ungidas. Conexamente, em vez da convenção, pela qual o príncipe qualifica sítios singulares, postula-se um código de posturas, que consolide os preceitos da urbanidade, assinalando a cidadania. Tal horizonte, prefigurado no século XVIII[4], define-se quando, a partir do Império napoleônico, promulgam-se normatizações crescentemente rigorosas e uniformes que regulam procedimentos e usos urbanos. Estabelecem-se, também durante o século XIX, progressivamente, legislações que regulamentam padrões de estabilidade, salubridade e higiene para as construções, assim como controles sobre mecanismos de especulação da renda fundiária, prenunciando o que virá a se constituir, em fins do século XIX, na disciplina "Planejamento Urbano". Esta então, arvorando-se amparada pela positividade das Ciências, afirma-se pautada em conhecimentos principalmente econométricos, sociológicos e antropológicos para estipular índices, coeficientes, gabaritos, ao mesmo tempo em que consolida em códigos e normas, permissões e restri-

---

2. S. Agacinski, "Chefs-lieux", em *La ville inquiète: le temps de la réflexion*, p. 193.

3. "É essencial, para a harmonia universal, haver uma capital em comum onde todas as luzes divergentes venham se retificar, onde todos os caracteres venham se coordenar, onde todos os gostos venham se apurar, onde todas as opiniões venham se combinar, onde todos os preconceitos venham naufragar, onde todos os egoísmos venham ser triturados e absorvidos nos interesses do gênero humano. Ali é que o homem da localidade torna-se o homem da França e o homem da França, o homem do Universo". A. Cloots, "Procès de Louis Dernier", em *Écrits revolutionnaires*, apud S. Agacinski, op. cit., p. 205.

4. "Se se considerar a Arquitetura em grande, nota-se que [...] se tem olhado para as coisas com olhos de pedreiro, quando teria sido necessário ver tudo com olhos de filósofo. É por isso que as cidades nunca foram convenientemente estruturadas com vistas ao bem-estar dos seus habitantes; nelas somos eternamente vítimas dos mesmos flagelos, da imundície, do ar impuro e duma infinidade de acidentes que um plano judiciosamente pensado faria desaparecer". P. Patte, "Memórias Sobre os Mais Importantes Objetivos da Arquitetura", apud P. Chaunu, *A Civilização da Europa das Luzes*, p. 118.

ções. A instrumentalidade do planejador tem por pressuposto a homogeneidade característica da categoria *espaço*, no qual, refletidamente, dispõem-se objetos. Enquanto o saber do urbanista concebe e designa a especificidade de *lugares* heterogêneos e descontínuos, a ciência do planejador opera na generalidade do *espaço*, homogêneo e contínuo. Uma concepção assim *etérea* de espaço – como a do cartógrafo que, estando em nenhures, vê o mundo, que delineia em sua carta, a partir de um azimute virtual –, que o reduz a entidade geométrica, ignora valores diferenciais toponímicos; desabonando dignidades e hierarquias, ela é estranha também à tradição e às estratégias religiosas e, em geral, a todo pensamento mágico. Com efeito, liturgias ou ritos como os da peregrinação ou da romaria em efemérides não se difundiriam, se não se cresse que sítios específicos (*topoi*), ou momentos oportunos (*kairoi*), estão providos de algo com qualidades únicas, insubstituíveis.

Correlatamente, enquanto no campo – no qual a duração das atividades é pontuada pelas estações do ano, pela incidência solar nos dias, pelas fases lunares, pelos ciclos das chuvas –, os fluxos temporais variam; nas cidades – desde que ordenações dos mosteiros, como o repicar e replicar dos sinos, são transplantadas para a vida citadina –, a regulagem do tempo é crescentemente condicionada pela impessoalidade da marcação rígida: horários de trens, abertura e encerramento de comércio e serviços, trocas de guarda e turnos, fechamento de periódicos, programação de espetáculos, encontros acordados, enfim, pontualidades, compromissos[5] e, no século XIX, a par da proliferação de relógios públicos, um novo acessório sublinha a elegância dos cavalheiros, o de bolso. Malgrado o empenho em mitigar e controlar a algaravia na cidade, nem por isso se logra abolir o fortuito.

É também no contexto da tensão das metrópoles que atua a personagem em permanente alerta, atenta às contínuas mudanças e reviravoltas, pois é nelas que celeremente se anacronizam velhos privilégios e se prescrevem novas proscrições. Estes circuitos passam a assimilar inércia cinética e a instituir aceleradamente usos e modas. Lucien Chardon, dito Lucien de Rubempré – protagonista nas *Ilusões Perdidas* –, recém-chegado à grande cidade, escreve à sua irmã: "Uma das particularidades de Paris é que nela não se sabe realmente como o tempo passa. A vida aqui é de uma assombrosa rapidez"[6]. A observação de Lucien, que é chavão desde fins do século XVII, antecipa sua vida novelesca em Paris, na qual experiencia a alternância veloz e

---

5. "Os relacionamentos e afazeres do metropolitano típico são habitualmente tão variados e complexos que, sem a mais estrita pontualidade nos compromissos e serviços, toda a estrutura se romperia num caos inextrincável. [...] Assim, a técnica da vida metropolitana é inimaginável sem a mais pontual integração de todas as atividades e relações mútuas em um calendário estável e impessoal". G. Simmel, "Metrópole e Vida Mental", em O. G. Velho (org.), *O Fenômeno Urbano*, pp. 14-15.

6. H. Balzac, *Illusions perdues*, p. 208.

voraz de fracassos e sucessos. As Ciências Humanas e a Literatura do século XIX e dos inícios do XX insistem na associação da celeridade da vivência nas grandes cidades com a indiferença cosmopolita e com o comportamento de índole cerebrina. Robert Musil:

> No campo, os deuses ainda descem até os homens, pensou ele (Ulrich), a gente é alguém, mas na cidade, onde há mil vezes mais acontecimentos, não somos capazes de relacioná-los conosco: e assim a vida começa a tornar-se essa notória abstração[7].

Na *metrópole* transvertem-se, quer a fisionomia, quer a fisiologia urbanas. O marcante ali é a multidão, o *choc* em meio à refrega do tráfego. Na moção multitudinária, as individualidades se dissolvem na viscidez do fluxo humano, e as personalidades são diluídas no manadio ruidoso, embora calado, dos deslocamentos. Georg Simmel constata o inusitado da situação de pessoas que – como ilustra Honoré Daumier – apáticas, nos ônibus, trens e bondes, permanecem "durante minutos e até horas inteiras, olhando-se face a face, sem se dirigir a palavra"[8]. Ambientado na província, Friedrich Engels, peão em Londres, resta atônito no anonimato:

> Até a própria multidão das ruas tem, por si só, qualquer coisa de repugnante, que revolta a natureza humana. [...] Esta indiferença total, este isolamento insensível de cada indivíduo no seio de seus interesses particulares, são tanto mais repugnantes e chocantes, quanto é maior o número destes indivíduos confinados neste reduzido espaço[9].

Nas vastas cidades, onde estranhos se encontram, diz Richard Sennett: "há um problema de platéia que mantém um parentesco com o problema de platéia que um ator enfrenta no palco"[10]. Nelas, pois, o representar é requisito do cotidiano e, como toda representação implica códigos, sinais evidenciam e denunciam as condições sociais que as personagens aspiram ostentar. Particularmente, pelas modas, continuamente renovadas, afere-se a atualização de cada um no que se refere às convenções: o *démodé* nunca é o antigo, mas aquilo que acabou de passar e, segundo as coerções do consumo, quando mais presto for o

---

7. R. Musil, *O Homem Sem Qualidades*, p. 462.
8. G. Simmel apud W. Benjamin, "Sobre Alguns Temas em Baudelaire", em *A Modernidade e os Modernos*, p. 68.
9. F. Engels, *A Situação da Classe Trabalhadora em Inglaterra*, p. 56.
10. "É provável que existam tantos modos diferentes de se conceber o que é uma cidade quantas são as cidades existentes. O mais simples diz que uma cidade é um assentamento humano no qual estranhos irão provavelmente se encontrar. Para que essa definição seja verdadeira, o assentamento deve ter uma população numerosa, heterogênea; a concentração populacional deve ser um tanto densa, as trocas comerciais entre a população devem fazer com que essa massa densa e díspar interaja. Nesse ambiente de estranhos cujas vidas se tocam, há um problema de platéia que guarda um parentesco com o problema de platéia que um ator enfrenta no palco". R. Sennett, *O Declínio do Homem Público: As Tiranias da Intimidade*, p. 58.

processo de obsolescência, mais eficazmente far-se-ão segregações. Esta ordem de convenção – as modas –, desbordando dos círculos cortesãos, amplia-se e se aprofunda no século XIX[11].

Walter Benjamin, atento às pequenas e significativas mudanças nos modos metropolitanos, flagra o assomo de inovações técnicas, acionadas por gesto brusco, que vão do riscar do fósforo ao disparo do fotógrafo, bem como a introdução de novos estímulos visuais como a seção dos classificados nos jornais e, mais tarde, *réclames*, *affiches*. Entre outros exemplos relevantes de *inovações* que pressupõem grandes concentrações humanas, pois assimilam comportamentos coletivos, considere-se também a proliferação dos jornais, com folhetins, artigos de crítica artística[12], literária e teatral, colunas de casos policiais e notas de mexericos; as exposições nacionais e universais; as lojas de departamentos e as passagens comerciais; os parques e jardins de uso público, nos quais se faculta a cada um o isolamento. Assim, nas grandes cidades, desde o século XVIII, consolidam-se comportamentos e instituições que infundem transtornos nos modos de vida assentados e que, a seguir, difundem-se em outros locais. Configuram-se lá também novos mecanismos de observação e de confinamento de pessoas, classes, usos e ocupações, enquanto se disciplina uma nova ordem urbana[13], vígil e policiada. Prodigalizam-se, outrossim, proibições, restrições e separações, transformando em suspeitos, ou mesmo delituosos, atos até então corriqueiros, enquanto se uniformiza a processualística cível e criminal com uma minuciosa taxonomia de culpas e contravenções e suas respectivas sanções.

À concepção isotrópica do *espaço* corresponde a formulação de dispositivos panópticos, a partir dos quais se exerce a espreita constante e impessoal. A polícia – na acepção que os séculos XVII e XVIII conferiram à palavra –, nas cidades cosmopolitas, esmera-se em arremedar, de certo modo, a ordem impositiva da empresa capitalista. Numa e noutra, o imponderável e o aleatório devem ser expurgados; as ex-

---

11. "Foi ao longo da segunda metade do século XIX que a moda, no sentido moderno do termo, instalou-se. Certamente nem tudo então é absolutamente novo, longe disso, mas, de maneira evidente, apareceu um sistema de difusão desconhecido até então e que se manterá com uma grande regularidade durante um século". G. Lipovetsky, *O Império do Efêmero: A Moda e Seu Destino nas Sociedades Modernas*, p. 69.

12. A publicação dos *Salons*, de Denis Diderot a Charles Baudelaire, consolidando o gênero *Crítica de Arte*, constituiu uma importante contribuição para a formação de um público (e a ampliação de um mercado) para as Artes.

13. "No século dezenove, a Inglaterra tornou-se uma sociedade policiada e não um Estado policial. As enérgicas tentativas para criar um novo "padrão básico" de ordem urbana e estreitar os limites do comportamento tolerado em público não devem ser vistas como uma simples questão de supressão brutal e de repressão a cada passo. [...] houve um esforço [...] para criar um novo tipo de ordem urbana mediante uma execução mais sistemática das leis e constante pressão da vigilância". R. D. Storch, "O Policiamento do Cotidiano na Cidade Vitoriana", em *Revista Brasileira de História*, p. 29.

pectativas necessitam se subordinar a um dado grau de previsibilidade; as marginalidades, quando não excluídas, precisam ser controladas; a regra e a regularidade são impostas; os fins explicitam os meios e tudo há de ser estimado e contabilizado. Contudo, os diligenciadores da *ordem* irão sempre se surpreender com a extraordinária resistência que o *urbano* opõe aos mecanismos de controle e condicionamento. Nas amplas cidades secretam-se agrupamentos que engendram continuamente estratégias para se furtarem à vigilância e à imposição de comportamentos. Ao inverso da ductilidade, que direciona atos e gestos na empresa, nas *metrópoles* confluem conjuras, conluios e conspirações e ressumam continuamente processos de territorialização de grupos, seitas, tribos: zonas de meretrício, tráfegos de tráfico, sinais secretos, pontos de encontro, seduções ocasionais, sistemas informais de comunicação etc., cartografias de inteligibilidade seletiva. O fascínio exercido pelas grandes aglomerações decorre em parte do fato de nelas se mesclarem a transparência dos olhares panópticos e a opacidade das rebeldias: visadas radiais ou varreduras reticulares não violam as invisibilidades, os pontos cegos que grassam nos avessos e interstícios.

A perspicácia de Baudelaire surpreende, perambulantes nos desvãos da metrópole, variegadas personificações do moderno: o *snob*, o *apache*, o *flâneur*, o *dândy* e uma *passante*, que se flagram nos *caffés*, *boulevards*, *cabarets* e *galeries*. A ribalta de Paris apresenta, pois, outros atores, outros figurinos, outros cenários e até outra iluminação. Do cimo da colina, o poeta contempla, arguto, *la ville en son ampleur, hôpital, lupanars, purgatoire, enfer, bagne*, e detecta *plaisirs que ne comprennent pas les vulgaires profanes*[14].

Nas dilatadas concentrações urbanas decimonônicas geram-se novos e agravam-se velhos males. Apesar das recorrentes tentativas de coibir o inchamento das grandes cidades, a tumorosa expansão da população e da malha urbana vazou a epiderme de muralhas. O crescimento, conduzido por interesses especulativos e sem qualquer coordenação urbanística, induziu a congestão dos percursos e implicou gravosas dificuldades nos deslocamentos. Ademais, o trabalhador assalariado, não estando mais fixado pela corporação, via-se freqüentemente constrangido a labutar extensos périplos entre morada e trabalho, enquanto a burocracia e o comércio, concentrando-se, mobilizavam vastos contingentes. Valendo-se de metáforas tomadas da patologia, a crônica da época registra, e as imagens de Gustave Doré agravam a agitação febril do trânsito em Paris ou em Londres, com carruagens, carroças, montarias e pedestres em insanável convulsão. A urgência da desobstrução do fluxo de mercadorias, coisas e gentes, assim como do estabelecimento de sistemas de transportes públicos, instrumentam o empenho de, minorando os transtornos na

---

14. C. Baudelaire, "Épilogue", em *Petits poèmes en prose (le spleen de Paris)*, p. 171.

circulação, viabilizar a ampliação da massa expropriável de mais valia relativa.

As áreas centrais sofrem um intenso adensamento, o que tematiza as questões relativas à habitabilidade e à higiene. Conforme a descrição publicada em 1849 – pouco antes, portanto, do advento do Segundo Império e das intervenções promovidas pelo Barão de Haussmann –, Paris, observada do outeiro de Montmatre por outro olhar menos agudo que o de Baudelaire, é

> uma congestão de casas apiloadas em qualquer parte do vasto horizonte. O que você observa? Acima, o céu está sempre encoberto, mesmo nos dias mais belos. [...] Olhando para isto, imaginamos se esta é Paris, e, tomados por um medo súbito, hesitamos em penetrar neste vasto dédalo onde já se acotovelam mais de um milhão de homens, onde o ar viciado de exalações insalubres se eleva, formando uma nuvem infecta que obscurece quase por completo o sol. A maior parte das ruas desta maravilhosa Paris nada mais é senão condutos sujos e sempre úmidos de água pestilenta. Encerradas entre duas fileiras de casas, as ruas nunca são penetradas pelo sol, que apenas roça o topo das chaminés. Uma multidão pálida e doentia transita continuamente por essas ruas, os pés nas águas que escorrem, o nariz no ar infectado e os olhos atingidos, em cada esquina, pelo lixo mais repulsivo. Nessas ruas moram os trabalhadores mais bem pagos. Também há ruelas, que não permitem a passagem de dois homens juntos, cloacas de imundície e de lama onde uma população enfraquecida inala cotidianamente a morte. São estas as ruas da antiga Paris, ainda intactas. A cólera flagelou-as duramente em sua passagem, tanto que se esperava não estarem mais lá se esta retornasse, mas a maior parte delas ainda permanece no mesmo estado, e a doença poderá voltar[15].

Neste labirinto, a resistência das barricadas é quase invencível, pois a tropa pouco pode contra um inimigo que desaparece no fragor do confronto para ressurgir adiante, ou atrás, ainda mais aguerrido. As pedras arrancadas do pavimento e arremessadas do piso, das janelas ou dos telhados municiam a rebelião, enquanto a milícia não alcança fixar alvos. Em Paris e em Lyon, os levantes são soezes na primeira metade do século XIX e, apesar da brutalidade da repressão, constituem motivo sólido para o receio, disseminado entre autoridades e proprietários quanto à ação daquelas populações *perigosas*. Assim, enquanto as ações urbanísticas dos séculos XVII e XVIII tiveram, sobretudo, finalidades representativas ou embelezadoras, as do XIX – cujo mais cabal exemplo se expõe, como se sabe, nas reformas de Haussmann – acrescentam a estes fins o do saneamento de um adversário intestino e, menos explicitamente, os da circulação e da higienização.

Atendendo, com a defasagem de uma centúria, aos desideratos do abade Laugier[16] – *trancher, tailler* –, o velho centro de Paris é quase inteiramente arrasado – restando apenas monumentos isolados e áreas intersticiais – e reconstruído com a abertura de *boulevards* largos e re-

---

15. L. Chevalier, *Labouring Classes and Dangerous Classes in Paris During the First Half of the Nineteenth Century*, pp. 155-156.

16. M.-A. Laugier, *Essai sur l'architecture*, pp. 224-225.

tilíneos – apropriados ao deslocamento de viaturas e de tropas –, com edifícios ataviados de elevações regulares em ambos os alinhamentos, desenhando uma unidade simétrica, axialmente orientada para fugas alegorizadas em marcos urbanos. As construções ordenam o olhar. Lembra Walter Benjamin que seus contemporâneos apodam este empreendimento de *embellissement stratégique*[17]. Várias praças e logradouros são urbanizados e edificações mnemonizadoras arquitetadas: a Opéra de Garnier, as Bibliotecas de Labrouste, os *Palais*, as *Gares*, os *Halles*, enquanto antigos monumentos, como a Catedral de Notre Dame, ressaltados pela erradicação das adjacentes infestações edilícias, são preservados e restaurados. Alguns bosques, antes reservados à caça, são franqueados ao público, como os Bois de Boulogne e de Vincennes, e parques são recuperados, segundo o gosto do paisagismo pitoresco, como o Parc Monceau e o Parc des Buttes-Chaumont. Ao mesmo tempo, passagens são cobertas, conformando galerias, e abertos os primeiros *Magasins*, alterando escalas. A par dessas renovações, são rasgadas em toda parte canalizações de esgoto e de águas pluviais; recebendo um sistema de iluminação, de início a gás e, mais tarde, elétrico, a cidade dá conotação literal ao antigo epíteto, *Ville-lumière*; também, com a implantação de ramais ferroviários, logo complementados com a rede de metrô, traça-se um reticulado, a um tempo subterrâneo e superficial, de meios coletivos de transporte. O quadro dessas intimoratas intervenções é uma intensa especulação imobiliária, pela qual se propiciam polpudos lucros com as desapropriações e com as apropriações da valorização diferencial do solo urbano. As demolições e o encarecimento dos imóveis e dos aluguéis expelem a população pobre – como é usual nos processos de *renovação urbana* – do centro para a periferia de Paris, cercando nos arrabaldes um *cinturão vermelho* de bairros operários[18]. A Paris da renovação é, mesmo para seus antigos habitantes, uma fisionomia estrangeira.

As cidades medievais – e, genericamente, as provincianas – eram bastante diminutas para que suas atividades e estamentos compartilhassem os mesmos territórios: lá, habitação, comércio e ofícios confinam-se mutuamente e se confundem espacialmente. Nas praças e mercados gravita a população citadina, que, em efemérides, soma-se à rural e, juntas, celebram festividades e cerimônias religiosas. Estas intricadas conjugações dão às pequenas cidades um aspecto variado e caprichoso, em uma aparente desordem, só sentida pelo forâneo: justifica-se e

---

17. W. Benjamin, "Paris, capitale du XIXe siècle", em op. cit., p. 137.
18. "Haussmann concebe a Metrópole, diferentemente da cidade, como terreno da luta de classes. [...] A Metrópole agora não expressa mais o domínio de uma classe que procura 'sintetizar-se' com o seu oposto, segundo o esquema da tradicional razão dialética, mas de uma classe que quer poder, que se impõe diretamente e que repete constantemente a própria violência". M. Cacciari, *Metropolis: Saggi Sulla Grande Città di Sombart, Endell, Scheffler e Simmel*, pp. 27-28.

se evidencia assim o radical comum em hábito e em habitante, pois, habitar é também estar habituado. Distintamente, no ordenamento das metrópoles, tende-se a promover a especialização dos espaços segundo a concentração de funções e de atividades, enquanto os abastados estabelecem separações e exclusividades no uso e no desfrute de parcelas específicas dos terrenos urbanos: as amplas reformas urbanas e o zoneamento só se tornam possíveis com interveniência, que é a violência do Estado. É colocada então em cena uma nova personagem, o planejador instrumentalizado e impositivo, investido da missão de repor, previdente e providente, a urbanidade. Agora não se trata mais da proposição de cidades divinas que decalquem no *orbe* terrestre a *urbe* celeste; nem de enunciados metafísicos que reproduzam em números, proporções e posições uma cosmologia ponderada: o planejador se afirma como técnico que, embasado na positividade da Ciência, *opera* a cidade, discriminando funções e segregando espaços. É, pois, patente a relação recíproca da centralização do poder político e da intervenção planejada. Em tais circunstâncias, as cidades, mormente as maiores, deixam gradativamente de ser configuradas como entidades simbólicas e representativas, passando a ser operadas como um mecanismo. Desse modo, consolida-se uma imagem, – que será tão cara às vanguardas construtivas –, da cidade, assemelhando-a à da máquina. Diz-se[19] que as cidades, em vez de serem cuidadas qual *obras*, são tratadas como *produtos* e, deixando de se constituírem em *fins*, degradam-se em *meios* para a produção, a circulação e o consumo de bens e serviços.

A metrópole é tomada, pois, como o *situs* abstrato da abstração. Se a angústia e o tédio transudam da indeterminação nadificadora do *nada*, é lá que tudo se dissolve, fundindo-se no fluxo dos eventos: o *eu* valeriano, mencionado na epígrafe, está solitário em ambiente indiferente. Na terceira década do século XX, certas vanguardas positivas elaboram concepções prospectivas de formações urbanas que, coadunando-se com os modos de sociabilidade metropolitanos, venham a escorar, com planos urbanísticos, o alegado desamparo. Piet Mondrian – rechaçando a visão deletéria que, desde o século XVIII, formou-se sobre a vida e a azáfama das grandes cidades—, vislumbra, na abstração e na impessoalidade peculiar ao caráter metropolitano, a constituição de um *Stijl* original, nos quadros de uma sensibilidade específica:

> O artista genuinamente moderno vê a metrópole como um viver abstrato convertido em forma: ela lhe é mais próxima do que a Natureza e tem maiores possibilidades de excitar nele o senso de beleza... é por isso que a metrópole é o lugar que está desenvolvendo o temperamento artístico matemático vindouro, é o lugar de onde emergirá o novo estilo[20].

19. H. Lefebvre, *Le droit à la ville suivi de espace et politique*, p. 12.
20. P. Mondrian, "De Stijl", apud R. Banham, *Teoria e Projeto na Primeira Era da Máquina*, p. 241.

A caracterização da personalidade do metropolitano efetuada por Simmel em 1903[21] – que sintomatiza na *intensificação da vida nervosa* e na internalização da economia monetária a etiologia da atitude *blasée* – é paradigmática para o pensamento do urbano no século XX e, em 1938, o norte-americano Louis Wirth reconhece, na indiferença e no ar *blasé,* instrumentos para a imunização contra *exigências pessoais e expectativas de outros*[22]. Não tardará que se veja na impessoalidade uma conotação moral de desumanização e que, novamente, idealize-se a afetividade como apanágio da vida no campo ou na pequena cidade. Contra a pregnância romântica, que desconfia da superficialidade teatral da vida metropolitana, as vanguardas construtivas conferem positividade à abstração cerebral da metrópole, antevendo nela o germe de uma vida, enfim, *racional*. Ludwig Hilberseimer:

> (A grande cidade – Großstadt) expressa a composição da atual situação econômico-social. Procura libertar-se de tudo o que não é espontâneo; aspira a uma redução ao essencial, à maior economia de energia, à extrema possibilidade de tensão, à exatidão definitiva; corresponde ao modo de vida do homem contemporâneo, é a expressão de uma nova disposição de ânimo, não de caráter subjetivo-individual, mas objetivo-coletivo[23].

---

21. G. Simmel, "Metrópole e Vida Mental" em O. G. Velho (org.), op. cit.

22. (os citadinos) "dependem, certamente, de mais pessoas para as satisfações de suas necessidades da vida do que a população rural e por isso são associados a um número maior de grupos organizados, mas dependem menos de pessoas determinadas, e sua dependência de outros se confina a um aspecto altamente fracionado da esfera de atividades dos outros. Isso é essencialmente o que se quer dizer quando se afirma que a cidade se caracteriza mais por contactos secundários do que primários. Os contactos da cidade podem na verdade ser face a face, mas são, não obstante, impessoais, superficiais, transitórios e segmentados. A reserva, a indiferença e o ar blasé que os habitantes da cidade manifestam em suas relações podem, pois, ser encarados como instrumentos para se imunizarem contra exigências pessoais e expectativas de outros". L. Wirth, "O Urbanismo Como Modo de Vida", em O. G. Velho, op. cit., pp. 100-101.

23. L. Hilberseimer, *La Arquitectura de la Gran Ciudad*, p. 98.

3. A Lírica Moderna

> *Eu sou um efêmero e não muito descontente cidadão de uma metrópole que se crê moderna, pois todo gosto conhecido foi iludido no mobiliário e no exterior das casas, assim como no desenho da cidade. Aqui vocês não encontrarão rastros de nenhum monumento da superstição. A moral e a língua foram enfim reduzidas à sua mais simples expressão! Estes milhões de pessoas que não têm necessidade de se conhecer conduzem tão paralelamente a educação, o ofício e a velhice, que a duração da vida deve ser muitas vezes menos longa do que aquilo que uma louca estatística encontra para os povos do Continente*[1].

No século XVIII, enredos de romances e novelas são entretecidos nas tramas das paixões: ao público curioso da *Ilustração* interessa que a literatura dramatize o jogo dos prazeres e dos sentimentos; a formação de Emílio, as atribulações de Cândido, a libertinagem de Justine, a perdição de Manon, a diligência de Robinson, os padecimentos de Werther e a galante conivência em perigosas relações entre M. de Valmont e Mme de Merteuil. A atenção, então, é focada no proscênio, e ali, contrastando-se candura e cálculo, conjugam-se seduções e perversões. A música de *Don Giovanni* sensualiza o tema da conquista e da honra. Nesse quadro, cidade e campo, enquanto cenários nos quais atuam as personagens, indiferenciam-se. O fausto fátuo e frívolo de cortes e salões incita o imaginário da época, e mesmo Jean-Jacques

---

1. A. Rimbaud, "Ville", em *Œuvres Complètes*, p. 134.

Rousseau, quando delineia o perfil da inocência do *selvagem*, desenha este por contraste ao da futilidade cortesã: "O selvagem vive em si mesmo; o homem sociável, sempre fora de si, só sabe viver segundo a opinião dos outros e, pode-se dizer, que é do julgamento destes que ele extrai o sentimento de sua própria existência"[2].

Na Revolução, a cidade adentra à cena como protagonista. A instabilidade política, que a ela se segue, induz muitos à astúcia, e faculta a alguns o heroísmo. O exército regular do imperador sucede o *povo em armas do Terror* e a parada triunfante regozija a pátria, que nela se glorifica. Com a derrocada do império (de Napoleão Bonaparte) promove-se o retorno à ribalta – requerendo o ressarcimento de seus antigos papéis –, da velha aristocracia, mas já então novos atores se entremetiam nos entrechos. Na Restauração, a literatura, com interesse, enfoca seu tempo, fomentando um imaginário no qual circulam *idéias feitas* que confrontam a aventurosa e dissimulada Paris à província tacanha e hipócrita. Os romances então perscrutam as intrigas e favores da corte, mas atentam também para o cotidiano de artesãos, negociantes, funcionários, criados e mesmo de marginais ou desocupados. No empenho de avultar um panorama, sua época, na *Comédia Humana* são descritos, sem peias, assim por vezes caricaturalmente, os diversos universos que, desierarquizados, interpenetram-se – a *metrópole* – desfrutes e especulações. Panoramizada é Paris, urgindo sucessos inesperados, urdiduras sedutoras, estratagemas, cataclismos; nela prevalecem interesses e se encenam simulações; o arrivismo prospera por toda parte e a traição é hipótese sempre presente; indivíduos são ludibriados e situações, forjadas, sem remorsos, para fins até infames. A metrópole, dissecada por Balzac, é espaço sem ilícitos; nela só se questiona a eticidade dos fins para preservar aparências. "Quem pois domina nesse país sem costumes, sem crenças, sem sentimento algum, mas de onde partem e aonde aportam todos os sentimentos, todas as crenças e todos os costumes? O ouro e o prazer"[3].

Ilusões Perdidas adverte, na crítica literária e artística, artimanhas de personagens oportunistas e cínicas, que promovem obras e espetáculos, ou os derrubam, negociando, sem contemplação[4]. A argumentação dos críticos é sofística: pretendem a subordinação da observação e da análise à eloqüência do *esprit*, da *finesse*. O mercado da cultura se expande, exaltado e incentivado com o casuísmo de seus critérios valorativos. Em Paris, descortina Balzac:

---

2. J.-J. Rousseau., *Discours sur l'origine et les fondements de l'inegalité parmi des hommes*, p. 144.

3. H. Balzac, "La fille aux yeux d'or", em *La comédie humaine*, vol. XI, p. 629.

4. O que em Lucien Chardon – ou de Rubempré – escandaliza em Paris é sua disparatada insistência de, em suas críticas de literatura ou de teatro, escrever o que de fato lhe parece ser correto acerca das obras que critica, ao invés de, sensatamente, divulgar apenas o que convém induzir que seus leitores venham a pensar.

Os sentimentos genuínos são a exceção; são quebrados pelo jogo de interesses, esmagados entre as rodas desse mundo mecânico. Aqui, a virtude é difamada; aqui, a inocência é vendida. As paixões são vendidas barato para gostos e vícios ruinosos; tudo é sublimado, analisado, comprado e vendido. É um bazar, onde tudo tem seu preço, e os cálculos são feitos em plena luz do dia, sem escrúpulo. A humanidade tem apenas dois tipos, o enganador e o enganado [...]. A morte dos avós é esperada com ansiedade; o homem honesto é bobo; as idéias generosas são meios para se obter um fim; a religião surge apenas como uma necessidade de governo: a integridade se tornou pose; tudo é explorado e vendido a granel; o ridículo é um meio para se promover e abrir portas; os jovens já têm cem anos, e insultam a idade avançada[5].

Balzac, monarquista, agastado com a Restauração medíocre e timorata, efetua a obsolescência de virtudes nobilitadoras como a probidade e a discrição. Com o descrédito dos valores, na grande cidade tudo tem *preço* e somente por ele coisas e gentes são estimadas: lá nada há que não se mercadeje, impudicamente. Em suas novelas, a honra, o bem mais *precioso* – posto ser, por definição, o que não se negocia, pois, incomensurável, não pode ter *preço* –, é apreciada qual farsa ou *coquetterie*. Antecipando Baudelaire, Balzac pinta a metrópole como sede e sede de uma prostituição generalizada. Afetos e afagos, que os metropolitanos afetam prodigalizar, são, afinal, apenas cálculos. No entanto, admite-se que as cortesãs, como a terna e doce Coralie, por contraste ao agiota e o comerciante, são, certas feitas, sinceras e abnegadas, o que lhes é fatal: não é o heterismo, mas a candidez que as arruína, e o sabem. Divaga Coralie a Blondet: "E quando apenas a distância de um cadáver o estiver separando (a Lucien Chardon) de algum cetro, poderá fazer um degrau do corpo de Coralie"[6].

A cidade encena a farsa: se tudo é sacrificado à apresentação, a convenção impera. As modas discriminam, tanto exclusões quanto inclusões: recém-chegado à Capital, Lucien Chardon constrange-se ao constatar o ridículo de seus atavios, que em Angoulême passam por elegantes. O parisiense, sem tardar, detecta o provinciano. Enquanto no *Ancien Régime* as modas emanavam do circuito da corte e o gosto era disputado por eruditos, na Restauração, o arrivismo trafica a cumplicidade da aristocracia para celebrar-se. Paris – luzes, salões, cenários, cenáculos, negocistas e coristas – é assistida qual cena teatral. No entanto, neste drama, no qual de antemão tem-se que tudo se dissimula, logram maior proveito aqueles que deslindam os logros que, ocultando, as máscaras traem. Se a burla é regra, quem omite ou controla os sentimentos está situado no jogo[7].

---

5. H. Balzac, "Scènes de la vie parisienne", apud R. Sennet, *O Declínio do Homem Público: as Tiranias da Intimidade*, p.197.
6. H. Balzac, *Illusions perdues*, p. 375.
7. "Se não se pode evitar mostrar o que se sente, e se a verdade de qualquer emoção, declaração ou argumento em público depende do caráter da pessoa que está falando, como podem as pessoas evitar serem sondadas? A única defesa segura é tentar evitar sentir, tentar não ter sentimentos a exibir". R. Sennett, op. cit., p.42.

Também em *Cenas da Vida de Província*, Balzac debuxa um quadro de mesquinhez, vanglória e cupidez, contudo, aqui, obnubiladas por tacanhez e neofobia. Diferentemente de Paris — onde a presunção do anonimato faculta todos os disfarces —, a província desconhece a privacidade e, como se disseminam insídias e maledicências, todos se observam e se vigiam: ali, pode-se ter, simplesmente pela *interpretação* interessada de intenções ou ações, a reputação comprometida. Na *Comédia Humana* as personagens crédulas, altruístas e devotadas, como Eugénie Grandet, Père Goriot ou David Séchard, são regularmente engolfadas pelas circunstâncias, enquanto as matreiras e velhacas, como o abade Carlos Herrera, estão sujeitas à alternância de retumbantes sucessos e fracassos vexatórios. Em *Os Comediantes Sem o Saber*, o provinciano Gazonal é iniciado, por seu primo Léon, nas astúcias de Paris e, recorrendo a influências, reverte uma causa perdida; empenhando sua fortuna na luxúria com uma atriz, é visitado por amigos parisienses:

— Bom! — disse Bixiou —, ei-lo razoável. Veja, reconheça a majestade da capital.
— E do capital! Exclamou Léon estendendo a Gazonal suas promissórias[8].

A lição que os parisienses admoestam ao provinciano é que, na Capital, sendo *prazer* e *ouro* indiscerníveis, a Justiça é atenta, não cega.

Stendhal, menos hiperbólico que Balzac, descreve a trajetória de Julien Sorel, que, como tantos, é ambicioso, mas não por glórias ou riquezas: em seus devaneios, memora Napoleão e vagueia uma grandeza que a restauração da empáfia e do oportunismo anacronizou. Em *O Vermelho e o Negro*, as vidas e os caracteres da Mme de Rênal e da Mlle de La Mole personificam, respectivamente, a provinciana e a parisiense. Lucien Leuwen: "Maldiga a província onde não se pode viver sem ser hipócrita em tudo... A senhora me censura às vezes dizendo que a educação de Paris impede de sentir; é possível, mas em compensação ensina a ver claro"[9].

Para Stendhal, assim como para muitos de seus contemporâneos, não há alternativa entre a insensibilidade metropolitana e a idiotia provinciana: a caminho de Paris, Julien ouve a narrativa dos aborrecimentos do abastado M. Saint-Giraud, "fugindo da abominável vida que se leva na província". Por um lado, ele diz que "em Paris, estava cansado desta comédia perpétua, a que nos obriga isso que chamam a civilização do século XIX", mas, por outro, envolvido pelas futricas provincianas, vê que "a paz dos campos é (para ele) um inferno"[10]. Para Stendhal é a época que vai mal, "um século sem energia"[11]. Aguarde-se o século futuro para o escrito ser apreciado.

---

8. H. Balzac, "Les comédiens sans le savoir", em *La comédie humaine*, vol. 5 (Scènes de la vie Parisienne), p. 383.
9. Stendhal, *Lucien Leuwen*, p. 263.
10. Stendhal, *Le rouge et le noir*, pp. 243-245.
11. Idem, p. 298.

Gustave Flaubert é o extremo da execração, do asco, à estultícia corrente: "o único meio de suportar a existência é aturdir-se na literatura como em uma orgia perpétua"[12]. Em *A Educação Sentimental* opõe-se também a vida em Paris e na província. Esta oposição, contudo, recebe análise corrosiva em *Madame Bovary*, no qual se contam as aflições de Emma que, enfastiada com a pasmaceira e a vulgaridade da vida familiar e do ambiente tacanho, sonha com o luxo nobre da Capital e aspira por uma paixão que a inflame. Flaubert – como Leon Tolstói com Ana Kariênina – expõe a inutilidade do debater-se desordenado de Emma que tenta sobrelevar-se do solo pantanoso, pegajoso e contagiante, da rotina hipócrita[13]. Mme Bovary é esposa na província. Ela entressonha uma vida excitante, amorosa, elegante e se enfada, e seu fastio é radical, até o desespero. O suicídio patenteia a dupla impossibilidade: não se poder viver senão *aquela vida*, sendo, entretanto, *aquela vida* a que não se tolera viver. Mas é em *Bouvard e Pécuchet* que Flaubert desenha o retrato mais contundente da necedade que assola seu século:

> Então, perguntaram em que consistia precisamente o Estilo? E graças aos autores indicados por Dumouchel aprenderam o segredo de todos os seus gêneros. Como se obtém o majestoso, o temperado, o ingênuo, as formas que são nobres, as palavras que são baixas. *Cães* se nobilita por *devoradores*. *Vomitar* só se emprega em sentido figurado. *Febre* aplica-se às paixões. *Valentia* é belo em versos[14].

Em *Germinal*, malgrado Émile Zola denuncie a brutalidade das relações de produção no trabalho mineiro – e no trabalho operário em geral –, com sua exaltação unilateral da bondade e generosidade proletárias, pronuncia as virtudes altruístas dos trabalhadores como a imagem especular e, assim, inversa e igual, à da perversão dos vícios burgueses. O naturalismo, apregoando a fidelidade ao *real*, reduz a literatura ao arbítrio de recortes interessados. Em Zola, o universal do panorama cede à minúcia de flagrantes, mas a renúncia à amplitude não assegura a agudeza.

Com Balzac, Stendhal e Charles Dickens, a metrópole atua nos romances. A argúcia de Edgar Allan Poe – adestrado pelo *choc* na captura do transitório – situa como *metrópole* crimes indecifráveis, eventos insólitos e, em convalescença – estado volitivo de aguda ape-

---

12. G. Flaubert, "Carta de 4 setembro de 1858", apud M. V. Llosa, *A Orgia Perpétua*, pp. 191-192.

13. "A demonização dos processos sociais, que se encontra em Balzac, falta, evidentemente, em Flaubert de forma total e absoluta. A vida não mais ondula e escuma, mas flui viscosa e pesadamente. Para Flaubert, o peculiar dos acontecimentos quotidianos e contemporâneos não parece estar nas ações e nas paixões muito movimentadas, não em seres ou forças demoníacas, mas no que se faz presente durante longo tempo, aquilo cujo movimento superficial não é senão burburinho vão; entrementes, por baixo ocorre outro movimento, quase imperceptível, mas universal e ininterrupto, de tal forma que o subsolo político, econômico e social parece ser relativamente estável, mas, ao mesmo tempo, parece também estar insuportavelmente carregado de tensão". E. Auerbach, "Na Mansão de la Mole", em *Mimesis*, pp. 439-440.

14. G. Flaubert, *Bouvard et Pécuchet*; pp. 407-408.

tência, o inverso do *ennui* –, rastreia um *homem da multidão*, que imerge na azáfama, no burburinho, e adverte que o comportamento dos átomos humanos é o do autômato e, "se alguém os esbarrava, curvavam-se profusamente, parecendo angustiados com a confusão"[15].

Em Baudelaire, a metrópole não é somente o assunto para poemas: sua poética, assimilando sensivelmente a experiência do *choc*, é o que se deseja metropolitano. Assente Walter Benjamin:

> A massa é de tal modo intrínseca a Baudelaire que em vão se procura nele uma descrição da mesma. [...] Baudelaire não descreve nem a população nem a cidade. E é exatamente esta renúncia que lhe permitiu evocar uma na imagem da outra. A sua multidão é sempre a das metrópoles; a sua Paris é sempre superpovoada[16].

Lá, o poeta surpreende novas personagens: ali, passa a passante, com sua *perna de estátua*, que jamais será revista. Ele a teria amado, *ela o sabia*[17]. Baudelaire compõe poemas que não privilegiam conteúdos e, truncando o encadeamento, abolem a linearidade na sucessão de idéias e imagens. A poesia, então, não exige a concentração do leitor: sequer requer sua compreensão, pois se admite que ela "pode comunicar, ainda antes de ser compreendida"[18]. Poética de objeto e sujeito indeterminados na qual são acolhidas elisões e alusões, sugestões propiciatórias, correspondências e sinestesias, preciosismos fonéticos, ressonâncias[19]. Versos, a um só tempo, herméticos e evanescentes, que não se fazem com idéias, mas, disse Stéphane Mallarmé, "com palavras"[20]. Cada poema opera um peculiar arranjo de étimos que, por melopéias, logopéias e fanopéias, acumulam mais potência de sentidos que a arrolada pelo léxico.

---

15. E. A. Poe, "The Man of the Crowd", em *Tales, Poems, Essays*, p. 106.

16. W. Benjamin, "Sobre Alguns Temas em Baudelaire", em W. Benjamin et alii, *Textos Escolhidos*, p. 37.

17. ("Ailleurs, bien loin d'ici! trop tard! jamais peut-être! / Car j'ignore où tu fuis, tu ne sais où je vais, / "Ô toi que j'eusse aimée, ô toi que le savais!") "Alhures, longe daqui! tarde demais! jamais, talvez! / "Pois ignoro para onde foste e tu não sabes aonde eu vou, / "Oh, tu que eu teria amado, oh tu que o sabias!". C. Baudelaire. "A une passante", em As Flores do Mal, p. 344.

18. T. S. Eliot, "From Poe to Valéry" apud H. Friedrich. *Estrutura da Lírica Moderna...*, p. 15.

19. "Nomear um objeto é suprimir três quartas partes da fruição de um poema. Esta consiste em, pouco a pouco adivinhá-lo: sugerir eis o sonho. É a perfeita utilização deste mistério que constitui o símbolo: evocar, pedaço a pedaço, um objeto para, por meio de uma série de decifrações, mostrar um estado de alma". S. Mallarmé, "Réponse à l'enquête sur l'évolution littéraire" (Enquête de Jules Huret), em *Œuvres complètes*, p. 869.

20. "Um dia (Edgar Degas) disse a Mallarmé: 'sua profissão é infernal'. Não consigo fazer o que quero e, no entanto, estou cheio de idéias. E Mallarmé lhe respondeu: 'absolutamente não é com idéias, meu caro Degas, que se fazem os versos. É com palavras'". "Mallarmé tinha razão". P. Valéry, "Poesia e Pensamento Abstrato", em *Variedades*, pp. 207-208.

Assinalando a superação da polaridade entre as categorias *forma* e *conteúdo*, os *modernos* ressaltam a reciprocidade intrínseca entre seus termos e substituem o par pela unidade, porquanto não há conteúdo desprovido de forma e, nesta, aquele há, necessariamente. A literatura rejeita a narrativa de peripécias ou de situações para atentar à labilidade do subjetivo que, indescritível, é musicado em cadências e fonações. Uma virtual obra acabada, assinala-se, simularia uma inverossímil imobilidade na duração; apenas o proteiforme, o fragmentário, o insólito evocam a incessante sucessão das sensações. É solidária a tal poética a postulação de correspondências entre sons, cores, odores e sabores. Des Esseintes –personagem de Joris-Karl Huysmans – acrisola em barris especioso *órgão-de-boca* com o qual *concerta*, a partir do paladar de diversos licores, o timbre de instrumentos:

> O curaçau seco, por exemplo, à clarineta cujo canto é acídulo e aveludado; o kümmel, ao oboé, de timbre sonoro anasalado; a menta e o anisete, à flauta, a um só tempo açucarada e apimentada, pipilante e doce; enquanto que, para completar a orquestra, o kirsch toca furiosamente a trombeta; o gim e o uísque arrebatam o palato com seu estridente estrépito de pistões e trombones, a aguardente de marc fulmina com os ensurdecedores alaridos das tubas, e rolam os golpes de trovão dos címbalos e da caixa tocados com fúria na pele da boca, pelos rakis de Quios e os másticues![21]

O ledor, então, ao invés de acompanhar o desenrolar de um enredo, ocupa-se – ou se distrai – em se consentir aos devaneios da acumulação de imagens contrastantes e da surpresa de sobressaltos fonéticos. A leitura não é assim efetuação passiva, apenas receptiva, mas, condicionada pela disposição de espírito daquele que lê, ação precipuamente produtiva. O texto, pois, concita à co-participação do leitor, incita seu imaginário e, nebuloso, suscita a variedade nas interpretações. A poética que produz Baudelaire conspira para que nas grandes cidades se secretem formas de apreensão sensível pelas quais argúcias sintáticas e ardis prosódicos suscetibilizam o metropolitano. O urbanóide das metrópoles é arrancado da abulia por *chocs*, pois, como o autômato, está condicionado a reagir a estímulos. Para o despertar, a poesia opera abalos: o poeta, dispondo apenas de um relance do transeunte atônito, tenta tomá-lo no átimo, resgatá-lo do ritmo do fluxo urbano e, por acometimento, percurtir-lhe uma impressão que prosseguirá reverberando.

Contra o rousseauismo, que instila a espontaneidade do *estado de natureza*, Baudelaire estima a *maquilagem* e, abjurando a hipóstase do *bom selvagem*, afirma o artifício.

> Passem em revista, analisem tudo que é natural, todas as ações e desejos do puro homem natural, nada acharão senão horror. Tudo de belo e nobre é resultado da razão e do cálculo. O crime, cujo gosto o animal humano hauriu no ventre da mãe, é original-

21. J.-K. Huysmans, *À Rebours*, pp. 99-100.

mente natural. A virtude, ao contrário, é artificial, sobrenatural, pois foram necessários, em todos os tempos e para todas as nações, os deuses e os profetas para ensiná-la à humanidade animalizada, o que o homem, sozinho, teria sido incapaz de descobrir. O mal se faz sem esforço, naturalmente, por fatalidade; o bem é sempre produto de uma Arte[22].

Ao invés da percepção da permanência de um ser sempre idêntico, o poeta padece da volatilidade de seus estados d'alma: só a inteligência é perspicaz para agregar o fragmentário das sensações e surpreender, no transitório, uma identidade. A conjunção *bom selvagem* implica, para Baudelaire, paradoxo: poderá fabular *bondade*, ou qualquer outra virtude, um humano todavia incompletamente emerso da animalidade? A bestialidade, por sua vez, é ainda assídua em ruas, mercados e alcovas. Apenas o empenho civilizatório e o refinamento, engendramentos da inteligência, podem resguardar os homens de sua barbárie *natural*. A virtude não é aí, pois, um *dom* do sujeito, mas um conceito elaborado laboriosamente por cada cultura. Tal poética exclui quaisquer nostalgias de *naïveté*; é inequívoca a afirmação da Razão como a faculdade apropriada para aprestar e direcionar a vida na metrópole. Se lá só há esvaecimento e metamorfose, à poesia compete intrinsecá-los – externando *chocs*, extraindo o leitor da corrente dos eventos – e, assim, assentar os alicerces para uma *nova* sensibilidade. Paul Valéry:

> Por muito, muito tempo, a voz humana foi base e condição da literatura [...]
> Um dia veio em que se soube ler com os olhos sem soletrar, sem escutar, e a toda literatura alterou-se.
> Evolução do articulado para o aventado — do ritmado e encadeado para o instantâneo — do que tolera e exige um auditório para aquilo que tolera e toma um olhar rápido, ávido, livre sobre uma página[23].

O olhar referido não é, entretanto, o do burguês empedernido, ou o do trabalhador brutalizado, é, antes, olho afinado com a nova experiência visual, destro na captura da instantaneidade. Assim, também a pintura impressionista, tomando por motivo a luz que se desvanece, ao supor o relance, abole a contemplação detida e refletida e implica o advento de uma nova abordagem no olhar para a obra de arte. A Arte simbolista, por sua vez, certa de sua autarcia, alberga-se da invasão da mercadoria, restringindo-se à *boêmia* sofisticada, ao *expert*. Os poetas – como ressalva Mallarmé, "em greve perante a sociedade"[24] – encerram-se em seus *cénacles* e confabulam a autotelia da Arte que, hermética e esotérica, atalha qualquer contaminação com

---

22. C. Baudelaire, "Le peintre de la vie moderne", em *Écrits sur l'art*, p. 180.
23. P. Valéry, "Littérature", apud C. Scott. "Simbolismo, Decadência e Impressionismo", em M. Bradbury e J. McFarlane (orgs.). *Modernismo: Guia Geral: 1890-1930*, p. 167.
24. "A atitude do poeta em uma época como a nossa, na qual ele está em greve perante a sociedade, é a de por de lado todos os meios viciosos que possam se lhe oferecer. Tudo que se possa lhe propor é inferior à sua concepção, ao seu secreto trabalho". S. Mallarmé, *Œuvres complètes*, pp. 869-870.

objetos. "Evocar, numa sombra precisa, o objeto calado (*objet tu*), por palavras alusivas, nunca diretas, reduzindo-se a um silêncio igual, comporta uma tentativa próxima do criar"[25].

Esses artistas, que se comprazem na *decadência*[26], distanciam-se da trivialidade. São enfastiados e – ao contrário do *flâneur* baudelaireano que *esposa a multidão* – desfrutam do desterro na *torre de marfim*. Antes, Gérard de Nerval se pronunciara:

> O único refúgio a nosso dispor era a torre de marfim do poeta, à qual ascendemos cada vez mais alto, para nos isolar da multidão. Levados por nossos senhores até esses elevados lugares, respiramos, por fim, o ar puro da solidão, sorvemos o esquecimento na lendária taça dourada e nos embebedamos de poesia e amor. Amor, entretanto, pelas formas vagas, pelos tons azuis e rosados, pelos fantasmas metafísicos[27].

Do alto, vêem, com repugnância, o plano inhenho dos negócios e oportunidades. O que se canta nesta lírica é a Paris *fin-de-siècle*, embora raros de seus figurantes de lá procedessem. A *metrópole*, magnética, atrai. Rimbaud se escafede reincidentemente de sua Charleville e, após breve, porém iluminada, temporada no inferno, acidioso, abdica de Paris e se desterra da literatura. Lautréamont, degredado de seu *outro* em Montevidéu, sucumbe em Paris aos 24 anos. Huysmans encerra o posfácio de seu *Às Avessas*, no qual destila sua aversão em relação à papalvice imperante, assinalando que, "depois de um tal livro, nada resta ao autor senão escolher entre a boca de uma pistola e os pés da cruz"[28], e se ordena. Paris concentra artistas, e a vivência metropolitana, com sua excitação, libera os líricos da compulsão das convenções, costumes e cacoetes locais; desarraigados, eles se difundem na indeterminação e na generalidade que compreende os apátridas, cosmopolitas. Resilindo de particularidades e tradições, foram acolhidos e arremedados em toda parte, disseminando assim o *moderno* nas literaturas regionais. Diz Yeats:

> Vejo, inclusive, nas artes de todos os países, essas luzes débeis, essas cores débeis, esses perfis débeis e essas energias débeis, as quais muitos chamam 'decadência' e que eu, porque creio que nas artes estão dormindo as coisas do futuro, prefiro chamar o outono do corpo[29].

Se a natureza benfazeja e acolhedora anelada por nostálgicos e românticos está excluída do requinte cultivado pelos artistas e se, tam-

---

25. S. Mallarmé, "Magic", apud C. Scott, op.cit., p. 169.
26. Verlaine: "Gosto da palavra decadência com seus reflexos de púrpura e ouro". P. Verlaine apud A. Balakian, *O Simbolismo*, p. 55.
27. G. de Nerval, "Sylvie", apud W. Sypher, *Do Rococó ao Cubismo na Arte e na Literatura*, p. 111.
28. J.-K. Huysmans, op. cit., p. 59.
29. W. B. Yeats, "The Autumn of the Body", em *Essays and Introductions*, p.191.

bém, o convívio com as multitudes – que só são belas quando apreciadas à distância, fundidas com a cena metropolitana – e com a comédia do circo dos negócios lhes é intolerável, resta-lhes apenas, enquanto aspiram pela transcendência estética, denunciar as conivências com as banalizações, abrigar-se na *arte pela arte* e, nubilosamente, expectar *algo*. A crise dos valores já de longo tempo fora pressentida: a *Comédia Humana* aponta a pústula e os *decadentes*, repugnados, inalam miasmas da necrose, de que se resguardam em ar rarefeito de ebúrneas torres. A euforia offenbachiana da *belle époque* assemelha-se àquelas orgias até a morte nas cidades empestiadas da Idade Média. Três obras literárias cintilam no lusco-fusco que precedeu a eclosão da Grande Guerra: *A Montanha Mágica, O Homem sem Qualidades*; e a seqüência de *À Procura do Tempo Perdido*. Em Mann, Musil e Proust, figura-se um mundo sofisticado e fútil que, mesmo por vezes empenhando-se por parecer jovial, ledo e encantador, é sempre desesperançado, cansado e ansioso por algo sólido e perene. O ceticismo da época – legado do século XIX –, desvela, no entanto, o frágil e o estulto de crenças e valores. A História, seguidas vezes invocada e exumada, tornou-se desacreditada; a devoção religiosa circunscreveu-se à gente simplória e crédula; a pátria, ora, mas o capital a não tem; o indivíduo, alheio na multidão, na solidão, e constrangido pelas circunstâncias, só comparece se confinado na vida particular; a *aura*, disse-o Baudelaire, tombara na lama e não valia mais a pena arriscar os ossos para tentar recuperá-la; os sentimentos são dissimulados e mesmo quando autênticos, não há como distinguí-los; as evidências enganam; como as modas, os valores são voláteis; o apreço, volúvel; e o poder conspurca.

O antigo mundo, perimido na barbárie da guerra, contara fascínios, mas, para a velha Europa, destroçada na conflagração, era imperativo um recomeço radical que, reconstruindo-a dos escombros, impedisse o germinar de novas (ou o rebrotar de velhas e reincidentes) beligerâncias. Confiou-se, então, que somente a ponderação da Razão poderia sopitar o desbordamento das paixões, e que apenas à constância da Ciência cumpria arbitrar opiniões. Muitos vislumbram, também, no socialismo nascente na remota Rússia – que, peremptório, luta pela soberania da consciência – o inelutável do porvir, no qual os *planos*, concebidos para o *bem comum* e amparados pela positividade do conhecimento, erradicariam contradições e desigualdades. As coevas vanguardas construtivas engajam-se na constituição do *Novo Mundo*. Para elas é impositivo, pois, exorcizar a sedução dúbia das *tonalidades azuis e rosadas* e reiterar o compromisso viril com o vigor das cores puras. À ambigüidade e à polissemia simbolista havia que revidar com linguagem unívoca e exata. Em suma, retomar do *nada*, retornar à origem, restabelecer os princípios. Ao mundo fatigado e enfastiado que fanava, contava-se contrastar a atividade febril e a operatividade de um novo tempo, que denega uma Arte dita crepuscular em nome de outra, conscientemente auroral, germinal. Almejando-se a comunicação rigorosa, denotativa, recorre-se a articulações verbais que induzam por dissonância, ímpeto ou repouso, entusiasmo ou contenção. Acentuando na convenção léxica a sugestão fônica, aduz Vladímir Maiakóvski: "O ritmo é a força essencial, a energia essencial, do verso. Não se pode explicar, dele apenas podemos dizer o que se diz do magnetismo e da eletricidade: são formas de energia"[30].

Recrutado então pela sinergia das massas, Maiakóvski se empenha em demarcar "o lugar do poeta na sociedade proletária" e, com Lissítski, estrutura graficamente suas poesias de modo que, como em uma partitura, cadenciem sua prosódia. O *choc* opera visualmente, enquanto textualmente. Tal qual o autor no *teatro épico* brechtiano – com sua técnica de *distanciamento*[31] –, o poeta pretende, concretamente, participar das agitações políticas produzindo poemas como meio de mobilização e conscientização.

Enquanto isto, Rainer Marie Rilke, elegíaco, indaga:

> Quem, se eu gritasse, entre as legiões dos Anjos
> me ouviria? E mesmo que um deles me tomasse
> inesperadamente em seu coração, aniquilar-me-ia
> sua existência demasiado forte. Pois que é o Belo
> senão o grau do Terrível que ainda suportamos
> e que admiramos porque, impassível, desdenha
> destruir-nos? Todo Anjo é terrível[32].

Como na gravura *Angelus Novus* de Paul Klee – tal como interpretada por Walter Benjamin –, o anjo da História mira estarrecido para o passado como ruinarias que se amontoam e é impelido irresistivelmente para o futuro pelos ventos da tormenta. "Aquilo que chamamos de Progresso é essa tempestade"[33].

---

30. V. Maiakóvski, "Como Fazer Versos", em *Poética*, p. 46.

31. "De agora em diante, não se permite que o espectador se contente em entrar nos personagens, em se abandonar às reações afetivas sem utilizar seu espírito crítico (e, portanto, sem tirar dessas reações afetivas lições práticas). A representação submete a ação e a fábula a um processo de distanciamento. É este distanciamento que possibilita a compreensão: não é verdade que renunciamos ao menor esforço para compreender as coisas que simplesmente acontecem?"

"Era necessário que as coisas naturais recebessem a marca do insólito. Dessa forma, podiam aparecer as leis que regem as causas e os efeitos. Os personagens deviam, ao mesmo tempo, agir assim e poder agir de outra forma". B. Brecht, "Função Social do Teatro", em G. Velho (org.). *Sociologia da Arte III*, pp. 69-70.

32. R. M. Rilke, "Primeira Elegia", em *Elegias de Duíno*, p. 3.

33. W. Benjamin, "Teses Sobre Filosofia da História" (tese IX), em F. R. Kothe (org.), *Walter Benjamin*, pp. 157-158.

4. A Teleologia do Novo Mundo

Vou contar aqui, não para denegrir os homens, mas para mostrar a bondade que meus dons lhes testemunharam. No princípio eles viam sem ver, escutavam sem entender, e, como as formas dos sonhos, viviam sua longa existência na desordem, na aventura. [...] Até o momento em que lhes ensinei o difícil conhecimento do nascente e do poente dos astros. Depois foi a vez da (Ciência) dos números, a primeira de todas, que inventei para eles, assim como aquela que reúne as letras, memória de todas as coisas, labor que gera as Artes[1].

É truísmo advertir que o móvel das mudanças culturais há de ser também ele mesmo cultural. Contudo, não raro, imputa-se – recortando-se a cultura como epifenômeno da base econômica –, às determinações das relações de produção, serem o fundamento estrutural das transformações superestruturais. Segundo tal interpretação, as mudanças na ordem social e as inovações instrumentais e operativas, que a chamada Revolução Industrial implica, condicionam a afirmação dos procedimentos ditos *modernos* nas Artes. No entanto, os movimentos vanguardistas de finais do século XIX e de inícios do XX, embora em incontestável relação com as circunstâncias da industrialização, não decorrem necessariamente desta. Ao contrário do que propaga a historiografia apologética do *Movimento Moderno*[2], as nascentes onde se

---

1. Ésquilo, "Prometeus Desmotes" (445/50 e 456/61), em *Tragédies*.
2. Nikolaus Pevsner, em seu livro, hoje clássico, *Pioneers of Modern Design from William Morris to Walter Gropius* (Londres, 1936), assinala que o Movimento

dessedentaram os vanguardistas na formulação de suas proposições estão já, em parte, no século XVIII, não apenas no XIX. É aquele, não este, o século que recupera a idéia de uma Natureza que abarca a natureza humana, tendo-se esta por ilimitadamente perfectível, a par do avanço da Ciência. Gênese e progresso, triunfo anunciado do esclarecimento sobre as sombras, são, como dos *savants* iluministas, temas dos construtivos.

As vanguardas, positivas e ilustradas, auguram a supressão das antíteses constituídas entre Cultura e Natureza, levando-as, em recíproca emulação, à plena atualização de seus potenciais. Assinala, assim, peremptório, Le Corbusier: "Não há homem primitivo; há meios

Moderno prospecta sua nascente em três fontes: William Morris e o Arts & Crafts; o Art Nouveau; e a engenharia do século XIX. A historiografia encomiástica da Arquitetura moderna aflui a estas correntes os avanços técnicos, os novos materiais e as novas demandas da sociedade e da produção industrializada. A Arquitetura moderna – vista como produto natural do desenvolvimento da Ciência, aplicação conseqüente das descobertas técnicas e atendimento adequado às emergentes pautas sociais –, é divulgada como correspondendo ao resultado necessário da evolução do conhecimento e da sociedade. Siegfried Giedion recorta antecedentes históricos que – indicando-a como latente em construções progressas –, a legitimariam, e a ilustra como correlata da Física relativista (S. Giedion. *Space, Time and Architecture*, Cambridge, 1941). Atribui-se ao arquiteto engajado nas circunstâncias de seu tempo um papel relevante na elaboração da sociabilidade racionalizada e produtiva: de um lado, a Arquitetura deve condicionar sua ação e seus objetivos às carências sociais cientificamente apuradas e, de outro, faz-se do arquiteto, como urbanista, o demiurgo, que, prevendo, provê os modos de urbanidade adequados à precípua racionalidade dos tempos iminentes. Na deserção da Arquitetura de seu território especificamente disciplinar – que remete à postulação morrisiana pela qual "a Arquitetura compreende a consideração de todo o meio físico que circunda a vida humana" –, Mario Manieri Elia (*William Morris e l'Ideologia dell'Architettura Moderna*, Bari, 1976) vê um caráter nitidamente ideológico.

Embora já em 1933 Emil Kaufmann houvesse publicado *Von Ledoux bis Le Corbusier: Ursprung und Entwicklung der Autonomem Architektur* (Leipzig, 1933), na qual remonta a gênese das posturas modernas à reação antibarroca de meados do século XVIII, tem prevalecido a interpretação da crítica alinhada à afirmação e valorização do Movimento Moderno. Bruno Zevi, em sua *Storia dell'architettura moderna: dalle origini al 1950* (Torino, 1950) aponta as seguintes causas para o advento da Arquitetura moderna: "a evolução natural do gosto; o progresso científico e técnico das construções; as novas teorias da visão estética; e as transformações sociais". Embora esse arrolamento conte estranhos lapsos (evolução no gosto?) e seja genérico, foi reiterado em quase todos os manuais sobre o assunto que desde então circulam. Leonardo Benevolo em *Storia dell'architettura moderna* (Bari, 1960), embora com maior rigor e consistência, segue as linhas da interpretação histórica dominante, afirmando estar na chamada Revolução Industrial a origem e o fundamento do Movimento Moderno. Em geral, os autores induzem nexos causais, reiterando, com redução, o esquema que atribui à estrutura (econômica) o determinar as superestruturas.

Vincent Scully Jr., em seu *Modern Architecture* (Nova Iorque, 1962), indica estar na segunda metade do século XVIII o ponto cronológico a partir do qual se pode entrever a imagem do *mundo moderno*. É, contudo, com Peter Collins, em *Changing Ideals in Modern Architecture* (1750-1950) (Londres, 1965), que – reiterando estar numa série de eventos ocorridos por volta de 1750 o momento em que se postulam as idéias e valores da Arquitetura moderna –, recuperam-se as formulações dos arquitetos John Soane, Étienne-Louis Boullée, Claude-Nicholas Ledoux e Jacques-Nicolas-Louis

primitivos. Potencialmente, a idéia é constante desde o início"[3]. É suposto, pois, que a idéia, em si, subjacente, desde sempre esteve lá, mas não se efetiva, porque, ou assombrados por fantasmagorias, os homens dela se distanciam, ou carentes de meios, não alcançam realizá-la. Cabe à positividade do conhecimento combater em ambas as frentes: de um lado, refutando mitos e crendices, que reiteram as servidões de ilusões e equívocos; de outro, provendo as condições de exeqüibilidade exigidas pelas demandas e desejos de uma sociedade imaginada póstera que, como a também imaginária auspiciada pelos prosélitos das *Luzes*, projeta-se sóbria e cônscia.

Os manifestos das vanguardas que se afirmam construtivas, proclamando-as programaticamente refratárias às idiossincrasias e aos desbordamentos sentimentais, aclamam-nas solidárias e coetâneas ao advento do *Novo Mundo* (*Neue Welt*). Antecipatoriamente apreendido, engrenado por relações ponderadas, o Novo Mundo é imaginado como um mecanismo, no qual cada elemento atua cooperativa e articuladamente com os demais. Assim, o componente haverá de ser morfologicamente exato e topologicamente determinado no todo mecânico. *Funcionar* significa, portanto, estar *em relação* com as demais peças de um conjunto: à ação concertada do todo, não à somatória atomizada, atribui-se a propriedade de produzir os efeitos previstos. O conceito de função, difundido pelos construtivos, tem então o sentido algébrico – que, embora oriundo do século XVII (Leibniz e Newton), consolida-se no XVIII – de relação entre fatores – $[f(x) = Ky]^4$ –, em

---

Durand, como o momento da rejeição de tradições e de constituição de princípios que viriam a informar os preceitos *modernos*. Alguns textos mais recentes, como o *Teorie e storia dell'architettura* (Bari, 1970) de Manfredo Tafuri, alertando para os equívocos da genealogia do moderno hegemonicamente admitida, reconhecem nas postulações de Giovanni Battista Piranesi, ou dos abades Carlo Lodoli e Marc-Antoine Laugier, as primeiras conceituações do que seria Arquitetura moderna. O consistente livro de Joseph Rykwert, *The First Moderns: the Architects of the Eighteenth Century* (Cambridge, 1980) aponta como, em suas querelas, os arquitetos das Luzes conceberam idéias e valores retomados no século XX. Renunciando a fazer da historiografia uma hermenêutica, Rykwert mostra a fecundidade intelectual de um século que os prosélitos da nova Arquitetura omitiram, ou quiseram identificar apenas com a futilidade cortesã do *Ancien Régime*: "Este livro recorda um tempo em que a ocupação do arquiteto era exatamente esta (os problemas referentes à Forma). Talvez, se há de haver um lugar para o trabalho do arquiteto no futuro tecido social, ele terá de aprender de novo como lidar com este tipo de problemas". J. Rykwert, *Los Primeros Modernos: los Arquitectos del Siglo XVIII*, p. 352.

3. Le Corbusier, *Vers une architecture*, p. 53.

4.. "As consignas são 'construtivismo' e 'funcionalismo'. Entre engenheiro e arquiteto há um sinal de igualdade. Para ambos, quer se trate de máquina ou de Arquitetura, supõe-se que a solução provirá da mesma fórmula algébrica, uma fórmula em que apenas a incógnita, o x, será estabelecido segundo o mesmo procedimento. Como no caso do engenheiro, também para o arquiteto o resultado haverá de ser o resultado de uma dedução automática". El Lissitzki, *1929, La Reconstrucción de la Arquitectura en Rusia y Otros Escritos*, p. 52.

desfavor da significação corrente tomada da mecânica da história natural[5], pela qual se atribui uma determinabilidade unívoca da função sobre a forma.

Abjurando a dimensão contemplativa e empática da Arte, a *torre de marfim*, os artistas, voltando-se, pragmáticos e ativos, para as técnicas, advogam o estabelecimento da isonomia entre forma e razão, tomando-as ambas como cálculo, planejamento e aferição. Não se trata, pois, de *Gestalt*, psicológica, mas de *Gestaltung*, pedagógica.

> O princípio da não-figuratividade que está na base desta pedagogia artística (da Bauhaus) e de todas as correntes artísticas contemporâneas é, precisamente, o princípio de uma forma que não *é*, mas se *faz*: de um fazer ou criar que, através do objeto artístico, passa do produtor para o consumidor do bem artístico, sem perder seu caráter de atividade[6].

As correntes que se querem positivas das vanguardas artísticas encarecem a reestruturação das bases disciplinares de seus *métiers* e defendem os elementos da objetividade científica para, com seu concurso, propor uma conseqüente reinserção desses *misteres* no quadro da produção contemporânea. Arte e povo – tal como, estima-se, dera-se no baixo Medievo – devem voltar a constituir unidade. Depois de um *fin-de-siècle*, ajuizado como simbolista, esotérico e hermético, os artistas propõem-se a se colocarem a par com o espírito da época. Para os construtivos, sua contemporaneidade caracteriza-se por decisivas transformações em relação aos tempos pretéritos, que implicam a emergência de inéditos modos perceptivos, reflexivos, e de inauditas formas de interação social. Com este fito, revolvem-se as Artes em suas raízes e se elaboram esquemas formativos potenciados pela positividade da análise e da verificação. Enquanto os iluministas, admitindo a instância do irracional, empenham-se em lhe traçar as fronteiras, o pequeno racionalismo de inícios do século XX – que propala a agnosia nos planos da Metafísica e da Teologia – postula mapear e ocupar os campos então legados ao dito *conhecimento confuso*. A objetividade (*Sachlichkeit*)[7], a abrangência desta Arte, que se pretende operatória e instrumentalizada e se imiscui entre as coisas, instancia o *telos* de formação sapiente de uma nova vernaculidade.

Por vias paralelas, os neoplasticistas asseveram obter, na universalidade das formas e das proposições objetivas da geometria e na cons-

---

5. A noção de função em sentido biológico reporta ao aforismo lamarckiano de que *a forma segue a função*, que teve largo trânsito em fins do século XIX e em inícios do XX, desde que Louis Sullivan o mencionou. Vide L. H. Sullivan, *Autobiografia de una Idea*, p. 183.

6. G. C. Argan, *Walter Gropius e la Bauhaus*, p. 79.

7. "O novo movimento porta a bandeira da objetividade contra a tradição, a falta de conteúdo tornada formação, petrificada no esquema. Uma objetividade na Arquitetura é apenas possível com base em uma construção sadia da qual provém o desenvolvimento de uma linguagem formal". H. Poelzig, "Gärung in der Architektur" (1906), em U. Conrads, *Programme und Manifeste zur Architektur des 20 Jahrhunderts*, p. 13.

tância das cores primárias, a caução para a comunicabilidade plena. Piet Mondrian aspira demonstrar que o equilíbrio plástico é condicionado pela ponderação de extensão e intensão de planos cromáticos, concertados num campo delimitado. A simetria neoplástica proporciona, para o étimo, a recuperação de sua conotação ancestral – *com medida* –, suplantando, assim, a indigência da axialidade, cuja aplicação banalizada disseminou-se desde que os sequazes das lições politécnicas a tornaram canônica[8]. No *Stijl* lúcido de suas articulações de linhas e superfícies não há pretexto para interpretações, e tampouco cabem sugestões ou subentendidos: tudo há de estar aí, para além, *nada*. Sem tema nem assunto, suprimindo o ilusionismo, mas ainda Arte – enquanto a vida não recuperar o equilíbrio[9] –, refletido arranjo de retas e segmentos de retas ortogonais e de áreas de cor ou tom homogêneos, reciprocamente relacionadas, prenunciador de um tempo de desfrutes superiores: *alegrias de ordem matemática*[10]. Mais do que uma questão estética, um imperativo ético da evidenciação da verdade fundador de uma sociabilidade futura que, permeada por nova (e imemorial) sensibilidade, será determinada como transparência. As Artes compartilham desta empresa, ao restabelecer suas próprias bases de modo a assimilar, à luz da Ciência, a nomologia do visível, e do sensível, em geral. O Novo Mundo projetado radica um *novo* homem que, superando caducos particularismos e arraigamentos, recupera a *igualdade* originária, fundada em uma *natural* homologia nas disposições humanas. Para as vanguardas – e para as *Luzes* –, as proposições cognoscitivas estão intrinsecamente comprometidas com a perspectiva de transformações sociais. Não se pode entender o otimismo construtivo das vanguardas senão relativamente ao modo de elaboração *raciocinante* herdado do século XVIII – que embate pela clareza no conhecer –, e à expectativa da iminência de um mundo retificado pelos aclaramentos da Razão.

Postula-se a consecução da construção hábil de uma mecânica das relações sociais que, *funcionando* regular e produtivamente, explicitem, em plena visibilidade, o Novo Mundo: a crença na previsibilidade oblitera os temores e incertezas do acidental. Construir linguagens

---

8. J.-N.-L. Durand, *Précis des leçons d'architecture données a l'École Royale Polytechnique*.
9. "A 'Arte' é apenas um 'substituto', enquanto a beleza da vida é deficiente. A Arte desaparecerá na medida em que a vida ganhar equilíbrio. Hoje, a Arte tem ainda a mais alta importância, pois é por ela que as leis do equilíbrio podem ser demonstradas de uma maneira direta, independente de toda concepção pessoal". P. Mondrian, "Plastique Pure", em M. Scuphor, *L'art abstrait*, p. 128.
10. "O homem, praticando a geometria e trabalhando na geometria, acede então a esta qualidade de gozos superiores que se chamam alegrias de ordem matemática e, assim, admitiremos que, em uma humanidade ocupada quase exclusivamente de geometria, como é o caso atual, as Artes e o pensamento não poderão se afastar desse fenômeno geométrico e matemático". Le Corbusier, "L'esprit nouveau en architecture", em *Almanach d'architecture moderne*, p. 27.

isentas de ambigüidades, que dispensam o arrimo incerto e instável de símbolos e metáforas *tout court*, assegura uma percepção ampla, plana, sem resíduos. Em suma, o empenho dos que exaltam a razão instrumentalizada é o de, por fim, superar a opacidade e a arbitrariedade na Arte e na vida. Neste desiderato de constituir linguagens absolutas há um viés sensualista. É *topos* no início do século XX a fórmula futurista: "Vocês nos crêem loucos. Nós somos, ao invés, os primitivos de uma nova sensibilidade completamente transformada"[11].

O descondicionar do habitual, diz-se, deixa fulgir, lúcida e cristalina, a sensibilidade mesma, constitutiva do próprio homem, a um só tempo, um *novo e ancestral homem*. O contributo da Arte para a geração do Novo Mundo é a recuperação sensível do homem na produção de linguagens que, coadunadas às características permanentes de sua estesia, integra a consciência nos entes, enquanto opera sobre as coisas. Almeja-se, assim, ao elucidar-lhes a cadeia de relações produtivas na qual se encerram, resgatar os indivíduos de um mecanismo que se auto-repõe, repetidamente, e que não alcançam retê-lo, ou sequer entendê-lo. Não se cogita, entretanto, restaurar a soberania do sujeito: menos que a restituição do livre-arbítrio, propugna-se pelo consentimento, a domesticação. Contra a percepção de serem seqüestrados e arrastados numa estranha seqüência de ações na qual não se reconhecem, programa-se urdir uma rede coesa de relações unívocas na qual, como em um redil, contem-se seguros. Ao ululante grito de Munch – que reverbera a paisagem –, retruca-se com a ponderação silenciosa das composições de Mondrian. À kierkegaardiana irredutibilidade do *eu*, contrapõe-se a irrestrita adesão do indivíduo a um renovado *contrato social*. À misantropia do sujeito, injungido em sua insignificância face à onipotência de entidades transcendentes, contrasta uma adjudicada imanência da *consciência da espécie*.

Abdicar da história, abandonar tradições, divorciar-se de formas e valores consagrados: dissolver o sujeito, tudo vale a pena, conquanto se alcance, afinal, afastar o fastio e, ainda, anular a angústia, espectros que há tempos obsidiam o Ocidente. Para segmentos relevantes das vanguardas positivas, uma certa forma de cientificidade – que credita, no conhecimento das causas, o controle dos efeitos –, constitui o antídoto para a angústia e o tédio. Quem tudo compreende e domina não tem porque se preocupar e pode, com sobranceira tranqüilidade, conferir as articulações e desdobramentos do esperado, pois adrede preparado. O meio, por excelência, de prevenir imprevistos é o planejamento, pelo qual se otimiza o desempenho dos elementos no conjunto. Le Corbusier encomia, no plano, o império da racionalidade, e

---

11. "Voi ci credete pazzi. Noi siamo invece i Primitivi di una nuova sensibilità completamente transformata". U. Boccioni et alii, "La Pittura Futurista: Manifesto Tecnico", em L. Scrivo. *Sintesi del Fututurismo: Storia e Documenti*, p. 14.

propala o advento da *civilisation machiniste*[12]: mais tarde, Manfredo Tafuri apodará esta fé no preclaro rendimento, *ideologia do plano*[13]. O funcionamento regular do maquinário e a sucessão premeditada de atos e etapas na linha de produção são celebrados como paradigmas para um ulterior ordenamento societário providente. As Ciências particulares concorrem como especificidades na vasta elaboração multidisciplinar que dispõe, sábia e ponderosa, coisas e pessoas de tal modo que, em ação conjugada, obtém-se a eficácia máxima. Reciprocamente, o homem, pertinentemente situado neste encadeamento, compreende-se na evidência coativa das razões.

O programa construtivo – que se apregoa esclarecido e anatemiza o mito – venera, contudo, seus ídolos: o plano, o cálculo, a técnica, o *design* e a *civilisation machiniste*. Le Corbusier itera o adágio iluminista pelo qual se afirma que toda indagação, quando adequada e completamente formulada, contém em si, como um sistema suficiente de equações, sua resposta:

> O avião nos mostra que um problema bem colocado encontra sua solução. Desejar voar como um pássaro era colocá-lo mal, e o morcego de Ader não deixou o solo. Inventar uma máquina de voar sem lembranças concedidas ao que seja de estranho à pura mecânica, isto é, procurar um plano sustentador e uma propulsão era propor bem o problema; em menos de 10 anos todo mundo podia voar[14].

Se a questão for, por exemplo, conceber certa cadeira, cabe analisar, aristotelicamente, para qual uso ela se destina; que condicionamentos morfológicos este fim implica; com que materiais confeccioná-la; qual seu processo produtivo e como aperfeiçoá-lo etc. A forma há de resultar *natural* e necessariamente ao cabo deste procedimento minudente e, uma vez alcançada, prejudica as demais possibilidades. Portanto, a forma *standard*, o padrão[15], o *objeto-tipo*, é conseqüência ineludível de um processo de *seleção mecânica*, imaginada segundo o modelo da seleção *natural* darwiniana, pela qual somente as espécies mais aptas garantem sua sobrevivência e perpetuação. Ao contrário desta, contudo, a *mecânica* não decorre da aleatoriedade das circunstâncias (mutações), mas é produto finalístico do ajuste preciso entre os meios empregados e os ob-

---

12. Le Corbusier, *Précisions sur un état présent de l'architecture et de l'urbanisme*, p. 6.
13. "De Stijl e Bauhaus, o primeiro com inquietude e o segundo ecleticamente, introduzem a ideologia do Plano em um *design* cada vez mais profundamente ligado à cidade como estrutura produtiva: Dada demonstra, por redução ao absurdo, sem nomeá-lo, a existência do planejamento". M. Tafuri, "Para una critica de la ideologia arquitectónica", em *De la vanguardia a la metrópoli; crítica radical a la arquitectura*, p. 46.
14. Le Corbusier, op. cit., p. 89.
15. "Estabelecer um *standard* é esgotar todas as possibilidades práticas e razoáveis, é deduzir um tipo adequado à função a ser atendida, ao rendimento máximo, ao emprego mínimo de meios, mão-de-obra, matéria, palavras, formas, cores, sons". Le Corbusier, op. cit., p. 108.

jetivos pretendidos. É suposta, nesta operação, a abstração do singular e do específico. O usuário deste produto, ilimitadamente reprodutível, é um ideado *usuário-tipo* e, aduz Le Corbusier, o *homem de série*[16], denotando, assim, que não se trata apenas de industrializar os objetos ou componentes, mas de, correlatamente, fabricar sujeitos[17], – como as coisas, despojados de aura –, em uma *ortopedia da alma*, pela qual esta se conforma aos parâmetros do gênero: conceber o homem fora de toda particularidade e alheio à diversidade é hipostasiar um *númeno* humano. De acordo com esta ideação, a cadeira exemplificada é modelada sob medida para o abstrato utente padronizado, média ponderada dos potenciais usuários. A rigor, ela nunca será exata para alguém concreto e singular, pois este poderá porventura ser mais magro, quiçá será mais baixo, terá talvez pernas longas, ou outra peculiaridade e, ainda que, eventualmente, ocorresse uma concordância cabal, esta seria efêmera, pois o homem, por mutável, distingue-se do *tipo*, do *pattern*[18], fixo e permanente.

As práticas analíticas, decompositivas, do *design* são propostas, na sua generalidade, como extensíveis a quaisquer objetos; tudo o que for passível de ser produzido, de ser produto, incorpora-se na elástica categoria de objeto: o utensílio, a edificação e a cidade. No entanto, não há entre eles apenas uma variância de escala e complexidade, mas uma subsunção do particular no geral. O objeto privilegiado dos procedimentos projetuais é sempre a cidade planejada, operativa, a metrópole, horizonte urbanizado da civilização, na qual, enfim, Cultura e Natureza se reconhecem e o animal homem se reencontra com sua essência racional. Argumenta Giulio Carlo Argan, referindo Le Corbusier:

> A forma artística é o resultado lógico de um problema bem colocado. Os barcos e os aviões, cuja forma corresponde exatamente à sua função, são tão belos como o Partenon. Naturalmente, o problema bem colocado é aquele cujos dados são corretos e cuja solução não deixa incógnitas nem restos. Reduzindo os dados a um fator comum restarão apenas dois: de um lado, a Natureza; de outro, a História ou a Civilização. Esta é a equação a resolver, transformando em uma simetria o que parece uma contradição[19].

---

16. "Mostrar que um aposento pode ser estandardizado para satisfazer as necessidades de um homem de série. A célula habitável prática, confortável e bela, verdadeira máquina de habitar, aglomera-se em grande colônia, em altura e extensão". Le Corbusier e Pierre Jeanneret, *Œuvre complète de 1919-1929*, p. 98.

17. "A necessidade que sente desse objeto é criada pela percepção deste. O objeto de Arte tal como qualquer outro produto cria um público capaz de compreender a Arte e de apreciar a beleza. Portanto, a produção não cria somente um objeto para o sujeito, mas também um sujeito para o objeto". K. Marx, *Contribuição à Crítica da Economia Política*, p. 210.

18. Cabe notar que a noção de padrão (*pattern*) – distintamente da de *canon* que remete a relações numéricas e proporcionais em si significativas, posto que representativas de uma postulada ordem finalística do *kósmos* – constitui um produto probabilístico desprovido de qualquer transcendência.

19. G. C. Argan, *El Arte Moderno: 1770-1970*, p. 326.

Na positividade alardeada, permeia-se um idealismo ostensivo. As vanguardas remetem, simultaneamente, à certeza experimental da Ciência e à nostalgia mítica da gênese. Como num círculo, finito e infinito, móvel e imóvel, que no fim retorna ao início e nele repousa, pleno e íntegro, o *jardim do novo mundo* impregna-se de reminiscências do edênico: figura-se que os pomos da árvore da Ciência e do saber, que no princípio precipitaram a caída, propiciem agora a redenção.

Da postulação ilustrada de constantes da *natureza humana* comuns a toda a espécie, segue-se a admissão de que necessidades permanecem invariáveis nos tempos e culturas e, portanto, que os objetos que as atendem serão também similares: lâminas, vasilhas, abrigos, mantas, camas etc. O diferencial se afere pelas mudanças nos modos de produção, pela variação das técnicas e pela disponibilidade de materiais, mas as carências a serem supridas sempre conferem. Se se acredita em uma correspondência estrita entre forma e função e, mais, como era voz contumaz no começo do século XX, atribui-se a esta o determinar aquela, constata-se que a constância das funções imprime a perenidade nas formas. Assente Henry van de Velde:

> A lei é constante: a da concepção racional. Ela é independente das condições sociais, ou da mentalidade desta ou daquela época. A forma pura coloca-se na categoria das formas eternas. A necessidade que ocasionou seu aparecimento pode ser nova, particular a uma época, mas se a forma é o resultado exato e espontâneo da concepção rigorosamente racional do objeto, da adaptação mais lógica àquilo que deve ser para responder ao uso que dela esperamos, como conseqüência, esta forma colocar-se-á na grande família que se perpetua desde a aurora da humanidade até nossos dias: a das formas puras e radicais[20].

Assim, as formas puras se deram a conhecer desde o início dos tempos e o que as levou a serem profanadas fora uma tendência oposta, interessada em símbolo, que induzira a recobri-las, encobrindo-as e as corrompendo com toda sorte de sugestões zoo ou antropomórficas[21]. O estilo moderno, simultaneamente eqüevo e ancestral, encarna a ansiada superação de todos os estilos, a obsolescência terminal da noção de estilo. O rigor construtivo, que declara o primado do principal sobre o acessório é, como fobia ao iludente, um avatar iluminista. A *Imaculada Conceição* – segundo van de Velde – gera necessariamente formas imutáveis, acabadas e perfeitas, a correspondência exaustiva e biunívoca de forma e finalidade. Uma cama, por exemplo, metodicamente depurada de toda superfluidade obnubilante, a *cama-tipo*, concebida por algum

---

20. H. van de Velde, *Os Fundamentos do Estilo Moderno*, em *Publicação 1* do Departamento Histórico-Crítico da Faculdade de Arquitetura e Urbanismo da Universidade de São Paulo, 1962.
21. Loos já havia assinalado, em 1908, a iniqüidade do ornamento para o homem moderno, que repudia simbolismos, pois pode deles prescindir para inteligir suas relações no mundo. Vide A. Loos, "Ornament und Verbrechen", em U. Conrads, op. cit., p. 19.

designer, mantém paralelismo com a de Platão[22], vivente na mente divina e dotada, apenas ela, de substância, em relação à qual as demais não passam de simulacros, fantasmas. O demiurgo, agora, prescinde da contemplação das formas e opera com a Ciência para reinstalar a intimidade formal e material de coisas e conceito: as coisas recobram sua realidade, enquanto aparências evidenciam essências.

Se o arquétipo platônico está íntegro no intelecto divino, o *objeto-tipo*, alardeado por Le Corbusier[23], é resultado escrupuloso da pesquisa *paciente*, enformado pela Ciência e aferido pelo cálculo. Esta forma revivescida de reminiscência é resultado não mais do esforço da alma em se desencarnar do cárcere da matéria, mas de uma análise que, corroborada cientificamente, conduz à síntese do plano. Na includência de seus programas, as vanguardas artísticas são mais um exemplo de recorrência na expectativa de promover uma reconciliação póstuma entre Platão e Aristóteles. Destarte, evocam-se os arcanos com os quais se pode, finalmente, configurar a anunciada construção do Novo Mundo, que, nítido e luminoso, remonta ao cosmo primordial, afirmado contra o obscuro caos.

A teleologia persistente nas postulações das correntes construtivas se concretiza, pois, na expectativa de uma remissão redentora da contemporaneidade à atemporalidade, de uma atualização do que desde sempre esteve *em potência* e que religa o hodierno ao acrônico. Assim se explica que as vanguardas, conquanto desejem integrar-se ao *espírito do seu tempo*, concomitantemente, postulem – ao defender uma a-historicidade para as formas – renunciar à herança das tradições, abstraindo as usanças. O homem racional, idealizado nos programas vanguardistas, reencontra-se, enfim, num mundo ordenado em face de fins claros, no qual tudo retorna à sua posição, relacionalmente. Colin Rowe e Fred Koetter sumarizam, com ironia, as propaladas posturas positivas, referindo-se à *nova Arquitetura* nos seguintes termos:

> A nova Arquitetura era racionalmente determinável, a nova Arquitetura estava historicamente predestinada, a nova Arquitetura representava a superação da História, a nova Arquitetura respondia ao espírito da época, a nova Arquitetura era socialmente terapêutica, a nova Arquitetura era jovem e, como podia renovar-se a si mesma, nunca sofreria o desgaste do passar do tempo, mas, talvez, acima de tudo, a nova Arquitetura significava o fim do engano, da dissimulação, da vaidade, do subterfúgio e da imposição[24].

A *Ilustração* denunciou, na monotonia, o tédio – que, pela variedade, seria eliciado – e, na afetação cortesã, o excesso na copiosidade – a ser elidida pela moderação e, decorosamente, defendeu também,

---

22. Platão, *A República* (livro x); 597.
23. "Estudar a casa para o homem comum, para todos, é reencontrar as bases humanas, a escala humana, a necessidade-tipo, a função-tipo, a emoção-tipo". Le Corbusier, "*L'esprit nouveau en architecture*", em op. cit, p. 29.
24. C. Rowe e F. Koetter, *Ciudad Collage*, p. 10.

nas questões da arte, a prevalência do principal sobre o acessório. Figura-se que a Razão, explicitando a etiologia dos males, possa enfrentá-la e, assim, mitigá-los. Diferentemente, os romantismos tematizam o primado da Intuição sobre o Entendimento e se comprazem em devanear afastamentos: anelando a consonância empática, os românticos vêem, nas mediações da Razão, um saber decomposto, incompleto, gerador da angústia. As vanguardas, ilustradas, afirmam, contra o fastio e a ansiedade, a panacéia do conhecimento: a escatologia propagada por estes movimentos artísticos é a da ultrapassagem irreversível do *nada* pelo todo, da superação definitiva da indeterminação ignorante, enfim, a da exclusão positiva do *negativo*. O *telos* imputado ao aspirado *Novo Mundo* é o de que ele devenha como uma espécie de *enteléquia* do mundo original: atualização das potencialidades contidas na própria gênese e consumação de suas promessas. No entanto, este idealizado *Novo Mundo* não decorre mais do beneplácito da bondade divina, pois é obra do artifício humano, plena transparência, união final do homem com a *Natureza*, enquanto sua natureza mesma.

Poder-se-ia, contudo, argüir que os atributos consignados ao mundo futuro seriam hipotéticos, pois primeiramente ideara-se uma *origem*, desvelada não entre o número das *coisas*, mas – conforme especula Rousseau – no âmago humano, para, a seguir, decalcar-se as qualidades dessa *idéia* no *Novo Mundo*: o *princípio* que afiança a legitimidade do finalismo não é dotado da mesma verificabilidade da Ciência, na qual se assegura amparado esse projeto. Remanesce, pois, denegado, no bojo mesmo desta radical positividade, um fundamento *metafísico*. Como, entretanto, conceber-se o inteiramente *novo*? Assim como o impulso que alenta a Revolução Francesa aspira às formas e ideais que teriam assinalado a severidade da Roma republicana; as vanglórias do Segundo Império francês se inspiram nas glórias do Primeiro[25]; e os *revivals*, regressivos suspiram por tempos e lugares outros, a construtividade das vanguardas – que conspiram por um *novo* e postulam o rompimento com o passado –, procura na idealidade de uma *origem* a fonte das formas para configurar sua imaginada posteridade. Virtuais virtudes pré-urbanas educam uma restaurada urbanidade; o *moderno*, reiterando sua simpatia para com o *primitivo*[26], anseia por uma transparência que convenções e refinamentos fizeram opacificar.

---

25. Por ocioso, não citarei aqui as palavras iniciais de Karl Marx em seu ensaio "18 Brumário de Luís Bonaparte", que refere à repetição como farsa do que fora tragédia.
26. "A civilização me abandona pouco a pouco. Começo a pensar com simplicidade, a não sentir mais do que pouco ódio por meu próximo, melhor ainda, a amá-lo. Tenho todos os gozos da vida livre, animal e humana. Fujo do fictício, entro na Natureza". Paul Gauguin apud M. De Micheli, *Las Vanguardias Artísticas del Siglo XX*, p. 54.

5. As Vanguardas

As palavras de ordem dos construtivistas são:
1. Abaixo a Arte, viva a técnica [...]
6. A Arte coletiva do presente é a vida construtiva[1].

No decurso do primeiro ciclo de beligerâncias da Grande Guerra, a Suíça retém neutralidade, mas em Zurique, no *Cabaret Voltaire*, cerca da morada do então expatriado Lênin, intelectuais, poetas e artistas, também refugiados, conluiavam. Polemiza-se lá então sobre a validade da nobre e vetusta Arte em um mundo que, ao seu derredor, derrui. Sendo Zurique estratégico centro financeiro, durante o expediente distintos burgueses especulam como extrair oportunas vantagens pecuniárias da conflagração. Nestes lances, agita-se um grupo DADÁ que, com ironia anarquista, descarta a obra artística no dado da provocação. Em 1917, Marcel Duchamp expõe um *mictório* (Fonte) em Nova Iorque e, alegando o esgotamento da Arte *retiniana* – afora *ready-mades* ocasionais, o *Grande Vidro* e algumas outras intervenções –, desinteressa-se da Arte objetificada. Seu silêncio, sua inação, exemplares e intentados, por negação, obram manifesto. Duchamp se conserva "afastado do gosto pessoal e fica inteiramente consciente do problema" no achado de seus escassos *ready-mades*. Estes transitam da condição de *coisa* para a de *Arte* por assim ter sido assinalado pelo *artista* e referendado pelas instituições que os acolhem. O autor, entre-

1. A.Ródchenko e V. Stepánova, "Programa del Grupo Productivista", apud M. De Micheli, *Las Vanguardias Artísticas del Siglo XX*, p. 405.

tanto, não os produz, nem sequer os concebe: simplesmente os escolhe e os desloca da cadeia de objetos que com eles constitui sistema. Tal procedimento confirma que – como na ordem do discurso, a palavra aufere significado somente se conjugada entre outras palavras – também o objeto significa apenas relacionalmente. Nega-se a obra isenta e isolada: a significação é relação circunstanciada. Walter Benjamin:

> A força revolucionária do dadaísmo[2] estava em sua capacidade de submeter a Arte à prova da autenticidade. Os autores compunham naturezas mortas com o auxílio de bilhetes, carretéis, pontas de cigarro, aos quais se associavam elementos pictóricos. O conjunto era posto numa moldura. O objeto era então mostrado ao público: vejam, a moldura faz explodir o tempo; o menor fragmento da vida diária diz mais que a pintura[3].

O que assinala a condição de obra de arte é a moldura, o pedestal ou o pódio como convenção. Se estes são abolidos, não há obra, apenas ato, de repente, Arte, talvez. No entanto, não se preservam os marcos acadêmicos de equilíbrio, proporção, harmonia etc. Subtrair o objeto do habitual, adicionando-o ao inusitado – o que se prenuncia literariamente em Lautréamont –, reporta ao que Victor Chklóvski denomina *revolta das coisas*:

> Para fazer de um objeto um fato de Arte, é preciso tirá-lo do acúmulo de fatos da vida; para tal fito necessita-se, sobretudo, pô-lo em movimento, passá-lo em revista, como fazia com sua gente Ivan, o Terrível. É preciso arrancar o objeto da série de associações em que está inscrito, e revirá-lo como a lenha no fogo... O poeta muda todos os sinais; o artista é sempre um instigador da revolta das coisas[4].

Estima-se que o *choc* abale o indivíduo e o liberte do embotamento das reiterações: que o desperte. O insólito sensibiliza. A absurdidade DADÁ acomete o sujeito (ou o que resta dele) em seu espanto e o força a enfrentar a clivagem de sentido; recusa-se outrossim a consolá-lo, concedendo-lhe qualquer panacéia ou *sistema* alternativo que o recristalize no sentido. Na sedição de DADÁ, o artista não desenha, pinta, esculpe ou projeta; ele investe fisicamente a matéria: acaso, fragmentos... A obra não *representa*, mimetiza ou figura imagens: o retalho de jornal na colagem não é imagem, é textura *já pronta*; inúteis, as máquinas não produzem efeitos; os fonemas se recusam a se congregar em étimos, o gesto não perdura. Tampouco o artista agora se forma, aprendendo técnicas e apreendendo segredos: não há mais ofício – *mister*, mistério –, a rigor, nem *artista*: Arte? Como pleitear alguma Arte no que ignora a historicidade dos procedimentos e denega

---

2. O termo *dadaísmo*, embora corrente, não me parece correto. DADÁ nunca quis ser um *ismo* e não poderia ser um *ismo*.
3. W. Benjamin, "O Autor como Produtor", em *Obras Escolhidas*, vol. 1, p. 128.
4. V. Chklóvski, "O Teorii Prozy (1925/1929)", apud M. Tafuri, "El Socialismo Realizado y la Crisis de las Vanguardias", em A. Asor Rosa et alii, *Socialismo, Ciudad, Arquitectura: URSS 1917-1937*, p. 54.

validade ao código lingüístico? Em DADÁ, exacerba-se o *negativo* que desbarata a ancilose acadêmica: o sagrado é profanado. Que então se propõe para reassentar as fundações solapadas? Nada[5]. DADÁ, negatividade radical, não postula programas e, negação de si mesmo, rejeita o proselitismo. *O verdadeiro dadaísta está contra* DADÁ[6].

Enquanto se agregam em Berlim, Paris e Nova Iorque outras facções DADÁ, na Holanda – que, na ocasião, manteve sua neutralidade preservada – um grupo de discípulos de Hendrik Petrus Berlage edita a revista *De Stijl*. Assinala Giulio Carlo Argan:

> Não obstante a aparente antítese, os movimentos *De Stijl* e DADÁ, para além de contemporâneos, estão em relação estreita: na sua base está o pensamento comum de que a Arte "não existe" e que, portanto, nada mais se pode fazer do que procurar em que condições "possa existir"[7].

A apostasia de categorias estéticas é a de estéticas categóricas. A Arte que preconiza a reconciliação com a vida prescinde de suportes, pois a artisticidade se generaliza: não é a Arte que fenece, é a *não-arte* (a mera *coisa*), que, qualificada pelos mesmos atributos que daquela eram apanágio, volatiliza a polaridade que segregara uma de outra. No vanguardismo de inícios do século XX discernem-se dois modos exemplares de pronunciar a dissolução da Arte: um, negativo, como o ato DADÁ, que, por surpresa, estranhamento, *non sense*, denuncia o esgotamento de valores, doutrinas e preceitos; outro, as vanguardas construtivas, anuncia a edificação de um *socius* no qual a *obra* é supérflua. Ambas as vertentes, contudo, acima de suas antinomias, confluem no escoamento do objeto privilegiado, único e aurático. Sem obra isolada, uma *artisticidade difusa*[8] se incorpora na ação coletiva urbana. Se para DADÁ a Arte é pretérito, remanescendo apenas como simulacro nostálgico, para as vanguardas construtivas, a *morte da Arte é programa* a ser realizado seguindo etapas premeditadas: projeta-se metodicamente o autocídio. Manfredo Tafuri:

> O suicídio da Arte deve, efetivamente, ter lugar em fases sucessivas. Em primeiro lugar, deve morrer a Pintura, absorvida (depois de ter desenvolvido até o fim o seu papel de portadora de uma metodologia de vanguarda) pela Arquitetura, enquanto espaço concreto de existência; mas só como estádio provisório, dado que a própria Arquitetura deverá dissolver-se na cidade, ou antes, na metrópole ordenada, na qual o ritmo de uma

---

5. "DADA lui ne sent rien, il n'est rien, rien". F. Picabia, "Manifeste cannibale", apud G. Hugnet, *L'aventure Dada*, p. 75.
6. Cit. em D. Ades, "Dadá y Surrealismo", em N. Stangos, *Conceptos de Arte Moderno*, p. 105.
7. G. C. Argan, *Arte e Crítica de Arte*, p. 62.
8. "O *unicum* artístico é, portanto substituído pela artisticidade difusa, a Arquitetura anula-se e se dispersa no projeto urbano, as contradições da história apaziguam-se num Nirvana como estádio final da luta do homem contra a Natureza: as proposições de Mondrian são em muitos aspectos proféticas e plenas de significados recônditos". M. Tafuri, *Teorias e História da Arquitectura*, p. 68.

vida que superou as dissensões da história – para Mondrian, do trágico – se terá tornado regra de um comportamento racional, em definitivo, de um *Stijl*.

Suspensas as escaramuças da guerra, retoma-se a ênfase construtiva no ciclo das vanguardas. Com os escombros – metáfora do momento – promove-se a reconstrução: literal e figuradamente, recomeça-se dos princípios. Para os *construtivos*, é urgente reinstituir a sociabilidade e, nela, reinstaurar critérios de inserção e de valoração para a Arte. A constância da Ciência e a lucidez das razões, apesar dos pesares, são erigidas como alicerces de futuras estruturas sociais, nas quais, afinando-se, concertar-se-iam, afinal, Arte e vida.

O manifesto IV do grupo *De Stijl* (Paris, 1923) proclama: "A época da destruição acabou completamente, começa uma nova era, a da Construção"[10].

Le Corbusier, por sua vez, aclama: "Há um espírito novo (*esprit nouveau*): é um espírito de construção e de síntese guiado por uma concepção clara"[11].

Do mesmo modo, o programa da *Bauhaus*, promulgado por Walter Gropius, em 1919, conclama: "Queremos, inventamos e criamos em comunidade a nova construção do futuro, a qual será tudo em uma só forma: Arquitetura e Escultura e Pintura das mãos de milhões de artesãos subirão para o céu como símbolo cristalino da nova era"[12].

Clama assim uma *vontade de construção* no progressismo do imediato primeiro pós-guerra. Vaticina-se, como se viu, a emergência de um *Novo Mundo*, racional, ordenado e operativo, no qual o homem *moderno* – superando, enfim, a opacidade de numes e mitos – se conhece na transparência do apreensível aclarado: inteligência plena, plana, que extirpa a *angústia*, produzindo-se, univocamente, pela universalização de procedimentos que, visando a fins distintamente explicitados, estipula objetivos, analisa condicionantes e, conseqüentemente, implementa pertinentes encadeamentos causais. Anuncia-se o *Novo Mundo*, translúcido e exato como um cristal, no qual a Natureza se desvela geômetra rígida. O empenho na *construção* – em desfavor da *expressão*, lábil e solipsista – enfatiza os fundamentos gnosiológicos das operações da Arte. Contra o acusado irracionalismo das relações históricas que detonaram o confronto bélico, apregoa-se a soberania da Razão e a evidência nas interações sociais. Prega-se a equação de formatividade e racionalidade: pela forma das razões se explicita a razão das

9. Idem, ibidem.
10. T. van Doesburg; C. van Eesteren e G. Rietveld, "Manifiesto IV del Grupo de Stijl", apud T. van Doesburg, *Principios del Nuevo Arte Plástico y Otros Escritos*, p. 192.
11. Le Corbusier, "Programme de l'esprit nouveau", (L'esprit nouveau, n. 1, octobre 1920), em *Vers une architecture*, pp. 69, 85 e 105.
12. W. Gropius, "Programm des Staatlichen Bauhauses", em U. Conrads, *Programme und Manifeste zur Architektur des 20 Jahrhunderts*, p. 47.

formas. A função da formatividade (*Gestaltung*) é a de, conformando a objetualidade corrente, conferir ampla e unívoca legibilidade ao espaço das ações sociais. No entanto, a figuração, embora reivindicada como de percepção universal, nunca está configurada: é, antes, momento do processo permanente de produção de formatividade:

> Como a Ciência, (a Arte) analisou a forma em seus componentes fundamentais para reconstrui-la segundo as leis universais da Natureza. Nisto, Arte e Ciência chegaram à mesma fórmula:
> Cada forma é a imagem rígida de um momento de um processo.
> *Por isso, a obra é pausa do desenvolvimento e não meta endurecida*[13].

Enquanto a forma renascentista emulara o perene e estável que enforma uma alegada *ordem* cósmica, para a morfologia do moderno – que entende não preexistir ordem à ação raciocinada que a constitui – não há uma forma (*eídos*) dotada de finição, mas segmentos qualificados do movimento contínuo pelo qual a Razão projeta *ordenações*. Os prosélitos das vanguardas construtivas – que abjuram a mimese e a analogia – propõem-se reconstituir as bases gerais da visibilidade, cujo vidente não é olhar imóvel e monocular, mas visão virtual, que, librando-se à volta do objeto, penetra-o: *a Arte não reproduz o visível; torna visível*[14]. Sendo a *ordem* contemplada ou concebida, o *ordenar* de Paul Klee implica o operar, uma ação: também a visão não é, nem há, mas faz-se, devém.

Os procedimentos operativos para a produção da forma (*morphé*), propalados pelos vanguardistas, embora alardeiem cientificidade em seus procedimentos, não restauram alguma origem ideal, nem asseguram a restituição de uma universalidade. Tal produção morfológica, contudo, atende com eficácia às demandas coevas por imagens racionalizadas dos conteúdos técnicos. Neste sentido, os *construtivos*, embora aspirando o configurar do constante e do verdadeiro, apresentam apenas o verossímil de um conjecturário particular. Em vez de ser a *realização* de conjunturas, que vão sendo assimiladas enquanto superadas, da *evolução* – cujo conceito aí supõe um *telos* –, a antropologia positiva das vanguardas é memento de um momento.

É patente o otimismo teleológico dos *construtivos* que, promovendo a Razão, destituem a Intuição. Outrossim, assegurando-se abonada pela sóbria verificabilidade experimental da Ciência e armada com a técnica, a Arte pretende se alistar na vida ao se alinhar na produção. Trata-se de magnificar o corriqueiro, o serial: o *design* fecunda com artisticidade o produto. A *aura* da obra se evola nos processos da reprodutibilidade técnica, e, assim, as conotações misteriosas, mági-

---

13. El Lissitzky, "Nasci" (1924), em *1929, La Reconstrucción de la Arquitectura en Rusia y Otros Escritos*, p. 123.
14. P. Klee, "Credo del creador", em *Teoria del Arte Moderno*, p. 55.

cas ou metafísicas, antes conferidas à Arte, esvanecem-se no objeto prosaico, indistinguível dos *iguais*, pois despojado de *original*. Pela alavancagem que advém de sua inserção no ciclo industrializado, o *design* contabiliza entre seus fins o de superar a polaridade de qualidade e quantidade, que, ao invés de —como ocorre na artesanalidade —, oporem-se, potenciam-se reciprocamente. Para atender as exigências de escala da industrialização, impõe-se apuro na concepção do protótipo e rigor no agenciamento da produção. O que vier a ser visível, tautológica, morfologicamente, teve de ser previsível.

Nisso, os *construtivos* reclamam o sereno amparo da Ciência e dela assimilam certo método – de armação cartesiana – que prescreve que o complexo e o composto se decomponham em elementos *simples*: na Pintura, linhas e cores; na Literatura, fonemas; na Música, tons seriais da escala; na Arquitetura, planos e sólidos. Com estes componentes elementares, creditados como *naturais* — assim isentos de história, tradição ou disciplinaridade –, seriam reconstruídos o léxico e a sintaxe das artes em linguagens universalmente apreensíveis, adâmicas. Imagina-se que o Entendimento seja *em si* dotado de modos perceptivos visuais, sonoros e líricos, os quais são produzidos e recebidos nitidamente, bastando para isto desenraizar arraigamentos habituais e capacitar aptidões *inatas*. A Razão, assinando-se universal e negligenciando o local dos valores, admite a história apenas como acervo dos eventos consumados. A sublevação contra a História investe também sobre a Geografia (política). A artisticidade, que não pode ficar constrita à arbitrariedade das injunções políticas pelas quais se constituem e se apartam Estados, é cosmopolita, transnacional. O grupo *Stijl*, que se anuncia internacional, propala uma nova consciência do tempo, para a qual *tradições, dogmas e o domínio do individual contam como obstáculo*[15]. Para tal, apontam como imperativa a redução dos meios plásticos e a eliminação da noção de forma (*Gestalt*), não a de formatividade (*Gestaltung*). É corolário destas formulações que a Arte desborde do cálice de artistas e peritos. Diz Boris Arvatov:

> De fato, tudo aquilo que os homens organizam a cada passo da sua atividade organizam-no também os artistas. A cor, o som, a palavra etc., nas suas formas espaço-temporais constituem o objetivo da atividade de cada pessoa. Cada um deve saber caminhar, falar, organizar o mundo à sua volta, o mundo das coisas com suas propriedades qualitativas de maneira qualificada. Mas a preparação para uma tal prática que organiza a forma constitui, na sociedade burguesa, o monopólio da casta dos especialistas de Arte. [...] A missão do proletariado é a de destruir a linha de demarcação entre os artistas, que detêm o monopólio de uma certa "tal" beleza, e a sociedade no seu conjunto, e de tornar os métodos de educação artística método de educação universal da personalidade socialmente harmoniosa[16].

15. T. van Doesburg et alii, "Manifiest I de De Stijl" (1918), em U. Conrads, op. cit., p. 36.
16. B. Arvatov, *Arte, Produção e Revolução Proletária*, p. 36.

Ao *método* se imputa a função didascálica de formação de tal *personalidade socialmente harmoniosa*. O homem *moderno*, que concebe e procede racionalmente, colocando sob a disciplina do Entendimento a Intuição, a fantasia e as emoções, é entidade atemporal e atópica. A Arte, privilégio elitizado, desencanta, pois os *construtivos* legam ao *design*, ao plano, o papel de assentar o geometral da nova sociedade. Garantindo a excelência no desempenho dos objetos, o *design* objetiva comportamentos e racionaliza a vida, os gestos e os atos. O *bom desenho*, adverte-se, é pedagógico: pelo uso, o usuário é educado, conduzido. Assim, a formatividade desvela o cadeamento causal dos efeitos preparados, pois, inteligível, descerra os velamentos das coisas. Deste modo, contra o subjetivismo romântico, pitoresco ou sublime, decanta-se a primazia da *objetividade*[17], que se caracteriza por: ênfase nos processos produtivos; afirmação da regularidade, do rendimento e da precisão; rejeição às especiosidades decorativas; evidenciação da estrutura construtiva na estrutura formal que, conjugadas, indiscerníveis na unidade, eclipsam-se como entidades autônomas. Não subsiste, assim, ocasião para o excepcional, a obra do virtuose: proscreve-se o *unicum*, porquanto importa prescrever padrão, tipo, *standard*, módulo e célula; o elemento reprodutível, eqüidoso e invariável. Das metrópoles, na civilização maquinista, emana uma estesia (*aisthesis*) que secreta novos referenciais perceptivos:

> Assim que se fixa um *standard*, produz-se a solução econômica por excelência, encontra-se o ponto exato e não o aproximado. O ponto exato, o exato, eis a condição da beleza. A beleza é feita de relações comoventes: não se pode por em relação senão quantidades exatas. A economia é a condição básica da beleza. A economia no sentido mais elevado[18].

Retoma-se a subsunção do estético no ético que se compromete com a economia, o cálculo e a inteligência. O *belo* não consiste em preceito transcendente: é imanente à exatidão, à conjugação da forma no uso. Tampouco a beleza se representa, pois, sendo produzida, presenta-se. Consectariamente, na Arte, rejeita-se a representação e se afirma a construção. Aquilo que se produz com máxima eficácia e com meios mínimos será forçosamente belo, posto que preciso. Le Corbusier argúi que o avião, o automóvel ou o transatlântico[19] são máquinas tão formosas quanto o são os veneráveis templos da acrópole ateniense: uma mesma exata ponderação, um igual equilíbrio e uma

---

17. "O equivalente alemão do 'praticismo britânico' é a *Sachlichkeit*: mas se o empírico praticismo britânico dava lugar à comodidade da vida, a *Sachlichkeit* é objetividade e concretização, correspondência exata e calculada da coisa à função, da forma ao uso". G. C. Argan, *Walter Gropius e la Bauhaus*, p. 25.
18. Le Corbusier, "Construire en série" (março 1924), em *Almanach d'architecture moderne*, p. 79.
19. Idem, *Vers une architecture*, p. 80.

similar observância de proporção e medida. Os aparatos mecânicos, encadeamentos operativos de formas sólidas da geometria – cilindros, prismas, esferas etc. –, são, para ele, tão pulcros e pujantes como o é o Partenon ou a ordem colossal da abside da basílica de São Pedro, concebida por Michelangelo. Fernand Léger assente com tais asserções asseverando que:

> Na ordem mecânica, o fim dominante é útil, estritamente útil. Tudo tende à utilidade com a maior severidade possível. Esta maré de utilidade não impede, contudo, o aparecimento de um estado de beleza. O caso da evolução da forma do automóvel é um exemplo perturbador do que digo; é mesmo curioso que, quanto mais o carro se aproximou de seus fins úteis, mais belo se tornou[20].

Vê-se pois que, para os *positivos*, também o *belo* progride! O que vale para o objeto, extrapolam, aplica-se extensivamente ao concerto das relações sociais. Uma sociedade bela é justa e medida, nela, como na máquina, as múltiplas interações são nítidas, precisas: *sociedade administrada*. O arquétipo deste projeto de eticidade estética – nos quadros de uma palingenesia social – é a máquina que, nada concedendo ao simbólico, assim ao supérfluo, em sua complexa articulação, opera relação causal completa, esférica, sem poros. Reproduzindo o modelo, as unidades de produção se organizam mecanicamente, submetendo inclusive os componentes humanos (força de trabalho) à seriação reiterativa dos processos. Argan alude a projetos industriais de Peter Behrens e Hans Poelzig, descrevendo a geração de sua Arquitetura:

> A fábrica não é mais, pois, apenas um lugar onde se trabalha, mas um instrumento enorme, uma máquina colossal em cujo interior milhares de homens atuam segundo uma disciplina inflexível: é a síntese suprema de máquina e homem, empenhados no processo racional que submete a matéria ao espírito[21].

Para os entusiastas da *civilização maquinista* parece, portanto, paradoxal que a *razão operativa*, havendo organizado as indústrias para tal eficiência, não alcance, de igual modo e com os mesmos meios, ponderar e articular o conjunto das relações sociais. Entendem, pois, estender à sua pretensa tessitura a estreita amarração que caracteriza a operosa urdidura das unidades fabris, assim desembaraçando deseconomias, recorrências, conflitos... Essa sociedade redenta se reflete na figura da cidade abstratamente planejada, funcional, sua *metrópole*.

Concorre na exaltação maquinista, a idealização funcionalista e administrativa do social, designado pelo avisado engenho humano. Desconhecendo-se a dialética entre quantidade e qualidade, procede-se à redução: a máquina é paradigma para a unidade de produção, a qual,

---

20. F. Léger, "L'esthétique de la machine: l'objet fabriqué, l'artisan et l'artiste", em *Fonctions de la peinture*, p. 54.
21. G. C. Argan, *Walter Gropius e la Bauhaus*, op. cit., p. 40.

por sua vez, torna-se parâmetro para a ulterior ordenação da cidade, da sociedade. Assim, grosso modo, direciona-se o horizonte do *Novo Mundo*, dirigido por um estado-gerente, invisível e onipresente, que zela cuidoso pelo *bem estar* dos cidadãos. Um despotismo novo, *previdente e suave*, já prenunciado em 1830 por Alexis de Tocqueville:

> Se quisesse imaginar com que traços novos o despotismo poderia produzir-se no mundo, veria uma multidão incontável de homens semelhantes e iguais, que se movem sem cessar para alcançarem pequenos e vulgares prazeres, de que enchem a própria alma. [...]
> Acima desses homens erige-se um poder imenso e tutelar, que se encarrega sozinho de assegurar-lhes os prazeres e velar-lhes a sorte. Este poder é absoluto, minucioso, regular, previdente e suave. Assemelhar-se-ia ao poder paterno, e, com ele, teria como objetivo preparar os homens para a idade viril; mas, ao contrário, procura somente mantê-los irrevogavelmente na infância; tem prazer em que os cidadãos se regozijem, desde que não pensem em outra coisa. Trabalha com prazer para seu bem, mas quer ser o único a fazê-lo e o árbitro exclusivo; provê-lhes a segurança, prevê-lhes e satisfaz-lhes as necessidades, facilita-lhes os prazeres, conduz seus próprios negócios, dirige as indústrias, regulamenta as sucessões, divide as heranças; por que não poderia poupar-lhes inteiramente a preocupação de pensar e o trabalho de viver? [...]
> Após ter assim tomado em suas mãos poderosas cada indivíduo e após ter-lhes dado a forma que bem quis, o soberano estende os braços sobre toda a sociedade; cobre-lhe a superfície com uma rede de pequenas regras complicadas, minuciosas e uniformes, através das quais os espíritos mais originais e as almas mais vigorosas não conseguiriam aparecer para sobressair na massa; não dobra as vontades, amolece-as, inclina-as e as dirige; raramente força a agir, mas opõe-se freqüentemente à ação; não destrói, impede o nascimento; não tiraniza, atrapalha, comprime, enerva, arrefece, embota, reduz, enfim, cada nação a nada mais ser que uma manada de animais tímidos e industriosos, cujo pastor é o governo[22].

Estimou-se que, pela igualação, abolir-se-iam desigualdades. A homogeneização das personalidades é também um produto industrial que, na impessoalidade de seus processos, fabricando coisas, coisifica as pessoas. Tudo converge, na indiferença dos procedimentos exaustivos e minudentes, para a uniformidade. O Estado tutor da sociedade regimentada, do qual a cidade funcional é um aparelho que, embora despótico, não é tirânico, pois, não havendo sujeito, não há tirano. Antes, assemelha-se à imagem de um grande pai que – como ocorre, segundo Sigmund Freud, com os finalismos religiosos – desvela-se por seus infantes, e prometendo-lhes superiores recompensas pósteras para suas privações presentes, mantém-nos pueris, parvos.

No homem *razoável* se projeta um ser isento de conflitos, que, sopesando, elege e orienta suas ações face à perspicuidade de seus objetivos. Ansioso por superar a angústia, ele inverte narcisicamente a *libido*. Tal homem, na expressão freudiana, *Deus de prótese*[23], é, decerto, fantasmático, assim como o é o *Novo Mundo*: são funcionais,

---

22. A. de Tocqueville, "A Democracia na América", em T. Jefferson et alii, *Escritos Políticos*, pp. 310-311.
23. S. Freud, *O Mal-Estar na Civilização*.

entretanto, no imaginário de um tempo que, professando-se agnóstico, fomenta mitos e ídolos. Dziga Vertov, no manifesto *Noi*, publicado em 1922, assinala:

> A psicologia impede o homem de ser exato como um cronômetro, frustra suas ambições de parecer-se com as máquinas. De nossa parte, não há razão para que a Arte do movimento (o cinema) não dedique toda sua atenção ao homem do futuro, mais que ao homem atual. É vergonhoso que, ao contrário das máquinas, os homens não saibam comportar-se. Mas, que fazer se o comportamento impecável da eletricidade nos interessa mais que a desordem da gente ativa ou o ócio pedante da passiva...[24]

Na verdade, como se sabe, o *comportamento* das máquinas e da eletricidade nunca foi *impecável*, mas o que importa é a imagem projetada de rigor e precisão, e Le Corbusier, em visita à fábrica Ford, deslumbra-se com os carros deixando a linha de produção – suprimidos os indícios e apagadas as marcas do trabalho que os produziu –, iguaizinhos, polidos e reluzentes, enquanto assinala ao *taylorismo* o caráter de *obra profundamente caritativa*[25]. Como na demiurgia construtiva de modelar a sociedade à semelhança das máquinas, as psicologias comportamentalistas desenvolvem padrões de condicionamento para conformá-la produtivamente: o automatismo S-R (estímulo-resposta), repetindo-se maquinalmente, otimiza o desempenho. O homem *racional* é o adestrado que, engrenado na ação regular do mecanismo societário, devém mundificada objetividade. A habitação mínima, por exemplo, tematizada no II C.I.A.M., não é *desejável* apenas por economia, mas sobretudo por constituir a medida racional, o *méson*, a *ratio*, na qual os homens cônscios reconhecem seu *habitat*. Visando a maior eficácia nas interações de homens e coisas, os *construtivos* encarregam ao *design* o propósito de ilustrar o modelo eugênico do social, que empolgam. O desenho se torna, desse modo, intrinsecamente propedêutico; providente, ao perspectivar sua formatividade, conforma cidadania *moderna*.

Para a redenção da sociedade, a partir da reforma da cidade, os artistas cogitam, de início, celebrar uma aliança com a indústria, apelando ao bom senso dos empresários. Como a reciprocidade obtida foi circunstancial, modesta, quando não relutante, alguns buscam o patrocínio do Estado, mas este então tem outras prioridades, entre elas, armar a retomada das batalhas da Grande Guerra. Nem os industriais, nem os governantes, arriscam comprometer-se com as teses e propósitos das vanguardas, conjurando os fantasmas de sociedades

---

24. D. Vertov, *Noi* (manifesto publicado em Kinophot, n. 1, 1922), apud M. Tafuri, op. cit., pp. 62-63.

25. "Uma precisão ainda. A base fundamental do taylorismo (obra profundamente caritativa e em nada cruel) é manter a constância dos fatores constituintes de um trabalho". Le Corbusier, "Las techniques sont l'assiette même du lyrisme", em *Précisions sur un état présent de l'architecture et de l'urbanisme*, p. 64.

futuras. As vanguardas antecipam o deslocamento de destacamentos auspiciados, que não as seguem: ficam assim sem retaguarda. Le Corbusier protesta pela necessidade de habitações, não de canhões ou munições, enquanto parte dos graduados da *Bauhaus* coopera com o *Reich*, desenhando para suas indústrias os melhores armamentos do início do segundo embate da Guerra Mundial: a destruição pode, pois, também ser *moderna*, e a guerra, científica.

Paul Klee, rejubilando a precedência da *natura naturans* na *natura naturata*, declara que o artista: "Quanto mais longe leva seu olhar, mais se amplia seu horizonte entre presente e passado. E mais se imprime nele, em lugar de uma imagem finita da Natureza, a imagem – a única que importa – da criação como gênese"[26].

A propalada consonância entre vislumbres do futuro e revivescências da origem, denota que era comum a muitos dos artistas partícipes nos movimentos de vanguarda –Wassily Kandinsky, Paul Klee, Piet Mondrian, Le Corbusier, entre outros –, a convicção de que as recentes constatações positivas das Ciências não somente não contestam as crenças consagradas em priscas tradições esotéricas e iniciáticas como as ratificam. Para eles, o *saber*, avançando, reaproxima-se das teofanias imemoriais, anunciadas em diversas revelações. Os mitos e as religiões particulares corresponderiam assim às formas metafóricas, pelas quais – nos tempos em que a pregnância de mitos e crenças, o incipiente progresso da Ciência e as insuficiências da linguagem ainda não possibilitavam sua cabal explicitação – enunciara-se a *verdade*. À *evolução* do conhecimento competiria, pois, esclarecer e evidenciar o que, obscuramente, entreviram antigas intuições.

O Kandinsky didático de *Ponto Linha Plano* – não obstante sua nunca renegada adesão à mística teosófica –, esforça-se por estabelecer os meios para, ao valer-se exclusivamente de elementos propriamente pictóricos, proporcionar percepções de profundidade, peso, repouso, tensão ou movimento. Destarte, ele pretende demonstrar que na obtenção destes efeitos pode-se prescindir de figurá-los ou mimetizá-los. Supondo assentar na homogeneidade do psicofisiológico no homem a inteligibilidade plástica, Kandinsky tem por ocioso e dispersivo o uso de simbolizações ou de convencionalismos iludentes, tais como a perspectiva linear, o modelado e a esquiagrafia, que, ademais, apenas resvalam nas superfícies.

Apologista da Natureza, Rousseau execra as convenções – que congelam as palavras no significado – e ressalta, na formação das línguas, o momento da passagem do cantar ao falar, quando a eufonia da fala "persuadia sem convencer e descrevia sem raciocinar"[27]. Kan-

---

26. P. Klee, "Acerca del Arte Moderno", em op. cit., pp. 48-49.
27. J.-J. Rousseau, "Ensaio Sobre a Origem das Línguas", em *Obras Seletas*, p. 166.

dinsky, por sua vez, pitagórico, estende a *natural* primazia da Música a todas as Artes:

> O som musical tem acesso direto à alma. Imediatamente encontra nela uma ressonância porque o homem leva a Música em si mesmo (Goethe). [...] Desta situação, a Pintura, com ajuda de seus meios, evoluirá para a Arte em sentido abstrato e alcançará a composição puramente pictórica[28].

Para Mondrian e para Kandinsky e seus sectários, a Arte plástica pura, abstrata – como Música na simultaneidade – pode, pela sua universalidade – posto não estar condicionada pelas normas e convenções ou pela reiteração dos hábitos, mas fundamentada na estabilidade de esquemas sensórios e perceptivos comuns –, produzir obras tão ou mais significativas que as melhores da pretérita Arte. Esta postulação tem por implícita a idéia de que a própria estrutura orgânica e neurológica contém, *em germe*, formas peculiares de recepção e elaboração dos estímulos sensíveis, às quais compete à Arte considerar e corresponder. Deste modo, a Pintura se torna, conseqüentemente, livre e universal, pois dispensa o arrimo de mediações defluentes do arbítrio de costumes e convenções. Delindo hábitos figurativos, convenções e amaneiramentos, o artista aprende a observar as coisas com um novo olhar. Instaura-se, assim, o *próprio olhar*; um olho desarmado, virginal, originário[29].

Kandinsky conjuga as teorias artísticas da *pura visualidade* (*Sichtbarkeit*) e da empatia (*Einfühlung*) ou, segundo os termos de Wilhelm Worringer, agrega os dois impulsos, no homem, para a Arte: os afãs de abstração e de empatia; o geométrico e o orgânico; o cristal – estrutura ainda natural, mas rigorosa – e a flor – caprichoso órgão copulativo. A disposição expressiva da Música, em sua eteriedade, ao mesmo tempo em que induz à consonância anímica, estimula os processos perceptivos, secretando uma nova sensibilidade; veraz, pois consoante com a *natureza humana*. Contudo, essa idealização de uma homogeneidade cultural abrangente fundada na suposição de constância nas disposições *naturais* do *homem* tem sido, pelo menos desde Montaigne, encarada com ironia e ceticismo. Que *tal estado* identitário inexista não surpreende; tampouco estranha o fato de ser recorrentemente invocado.

A passagem do tom ressonante e animista *Do Espiritual na Arte* para o acorde sintático de *Ponto Linha Plano* é consentânea com o trânsito do círculo expressionista do *Blaue Reiter* para a esfera didática

---

28. W. Kandinsky, *De lo Espiritual en el Arte*, p. 61.
29. Pode-se argüir que de incerta forma remanesce a antiga noção de *mimese*, embora esta agora não se apegue às aparências fenomênicas e busque desvelar a estrutura oculta e perene da Natureza. Esta, entretanto, também não é uma idéia nova: remonta à Antigüidade helênica e o tema iluminista da *belle nature* remete a tal desiderato.

da *Bauhaus*. Essas posturas aparentemente excludentes estavam então associadas, pois vistas como complementares. Joseph Rykwert mostra que, apesar da exaltação racionalista atribuída pela historiografia *moderna* à *Escola de Weimar*[30], nela sempre se projetou um *lado obscuro*, que alcançou seus docentes – inclusive Gropius – e discentes:

> Para Kandinsky, e para seus amigos do *Blaue Reiter*, as leis da Arte, como as da Natureza, pareciam não só imutáveis como universalmente aplicáveis a todas as Artes. Particularmente a Música e as Artes visuais correspondiam-se estreitamente entre si. Novamente, isto não é uma idéia nova, mas uma idéia que tem sido endêmica no pensamento esotérico desde a escola pitagórica[31].

Enquanto para alguns o esclarecimento das Ciências significa um reencontro com o fulgor primordial, emerso das trevas, as vanguardas positivas, no sentido geral, entendem que a iluminação do saber elucida a penumbra de mitos e superstições. Ambas vertentes, contudo, convergem, nos anos do entreato da Grande Guerra, para instar a urgência da realização do programa construtivo. No *esclarecido* século XVIII já se disseminara a postulação do conhecimento como agente reorientador das práticas políticas e das interfaces sociais, mas é na década de 1920 que se anuncia imperativa a transformação nos próprios pressupostos da sociabilidade. Pouco antes de ser abatido na batalha de Verdun, expressou Franz Marc: "Aquela era a hora secreta da morte da velha época. Que nos resta hoje de sagrado, de tudo que fica às nossas costas? A partir de agora, ninguém, ninguém pode voltar atrás por sobre o charco de sangue da guerra e viver o passado"[32].

---

30. Certa historiografia do Movimento Moderno insiste em apontar na Bauhaus o epítome do mais intransigente racionalismo em matéria de Arte e de Arquitetura. Tal visão ter-se-ia consolidado a partir da exposição Bauhaus 1919-1927, promovida pelo Museum of Modern Art, Nova Iorque, (MoMA), da qual foram intencionalmente suprimidas as referências aos períodos da Bauhaus nos quais ela esteve sob a direção de Hannes Meyer e, a seguir, de Ludwig Mies van der Rohe. Cabe, entretanto, lembrar que essa escola, segundo a proposta primeira de Henri van de Velde, foi concebida inicialmente como a reunião dos programas de uma escola de Artes e Ofícios com os de uma de Belas-Artes. Seu manifesto de fundação exaltava o impulso ascencional de antigas catedrais e remetia a uma ética de Corporação de Ofícios. Além do curso introdutório de Johannes Itten, de inspiração orientalista e esotérica, os alunos desenvolviam suas atividades em ateliers de ofícios. Somente a partir de 1926, quando da contratação de Hannes Meyer, ali se iniciou o ensino da disciplina Arquitetura. Em 1927, quando este arquiteto assumiu a direção da Bauhaus, alterou significativamente a didática e os objetivos da escola, voltando-a mais para a Arquitetura e tendo em vista as demandas sociais de um mundo que se queria renovado, Novo Mundo (Neue Welt). No entanto, este período e este arquiteto foram por longo tempo esquecidos ou negligenciados pela historiografia moderna, zelosa em encomiar o período Walter Gropius e, nele, omitir seus aspectos místicos ou iniciáticos.
31. J. Rykwert, "The Dark Side of Bauhaus", em *The Necessity of Artifice*, p. 47.
32. Franz Marc apud E. Subirats, *A Flor e o Cristal*, p. 36.

Investindo contra o desmedido, irracional, do confronto armado[33], afirmou-se ser imprescindível reedificar o mundo sobre outros fundamentos. No Manifesto III de *De Stijl*, – *Pela Formação de um Novo Mundo* –, assinala-se:

> Concentração e posse, individualismo espiritual e material eram as bases da velha Europa. Neles ficou aprisionada. Não pôde libertar-se. O perigo é fatal. Nós observamos com calma; ainda que pudéssemos, não interviríamos. Não desejamos prolongar a vida desta velha prostituta. Uma nova Europa está nascendo em nós[34].

Depois do esvaziamento de preceitos e da dissolução de valores em meio ao *charco de sangue*, confiou-se que só pela sobriedade da Ciência, que é a universalidade da Razão, poder-se-ia estabelecer um começo, que fosse, também, a recuperação da origem, quando ainda *Entendimento* e *Natureza*, reconhecendo-se, reconfortavam-se. Contudo, o totalitarismo do decênio de 1930 debanda os augúrios auspiciosos e o *toque de recolher*, que precede a retomada das ações bélicas, encerra o ciclo histórico das vanguardas. A truculência das ditaduras esmaga a alentada expectativa na construção de um *Novo Mundo* e, assim, obturando as novas *Luzes*, reinstala-se a opacidade: ao invés da epifania da Razão, padece-se o turvamento das paixões; não a generosa solidariedade, sectarismos torpes. Interrompe-se aí a sucessão de movimentos das vanguardas e a dilaceração de *Guernica* brada – humana, taurina e eqüinamente – a inviabilização do antes reputado como iminente advento do *Novo Mundo*. Artistas migram, grupos desmobilizam-se e, em Chicago, tardiamente, invoca-se a reavivação do entusiasmo da *Bauhaus* rematada[35]. Sobrestados os momentos combativos, as transformações artísticas concebidas pelas vanguardas – com o apoio de parte da crítica e a conivência das instituições da Arte –, obtêm o assentimento de um público refinado, sendo assimiladas pelo mercado, suas galerias e museus, suas publicações e jornais. Particularmente nos

---

33. No qual, pela primeira vez, a devastação e o morticínio se deram segundo métodos e escalas industriais.

34. De Stijl, "Manifiesto III: Hacia la Formación de un Mundo Nuevo", apud M. de Micheli, *Las Vanguardias Artísticas del Siglo XX*, p. 418.

35. Com a propagação de totalitarismos na Europa – Itália, Alemanha, Espanha. – artistas migram para a França, a Inglaterra e daí para os Estados Unidos. Ali contribuem para a divulgação de preceitos ditos *modernos*, já então divorciados da perspectiva de transformações sociais e culturais que lhes incrira na origem. Outros, marcham para a pátria do nascente socialismo, onde ainda crêem poder realizar integralmente suas propostas e expectativas. Caso exemplar é o do suíço Hannes Meyer que em 1930 é afastado da *Bauhaus* e se instala na União Soviética, mas, lá, nesse tempo, já não mais se acalentavam quaisquer veleidades vanguardistas. Em 1936, retorna à Suíça e se alista nos movimentos cooperativistas. Em 1939, ainda alentando um otimismo em relação aos horizontes que a revolução zapatista franqueara, transfere-se para o México, onde permanece até 1949. Nesse período, a historiografia do *moderno* estimou ignorar sua engajada passagem pela *Bauhaus* e empenhou-se em encobrir as marcas de sua atuação nos meios artísticos no tempo das Vanguardas.

Estados Unidos, que acolhem migrantes, são articuladas e patrocinadas a produção, a circulação e o consumo do *Moderno*: organizam-se exposições – destacadamente as promovidas pelo então recém-criado MOMA (Museum of Modern Art, Nova Iorque), como a do *International Style* e a da *Bauhaus: 1919-1927* –, ao mesmo tempo em que são encomendadas obras e projetos e as universidades abrigam, em seus quadros, artistas e eruditos que, pela disseminação de intolerâncias, foram constrangidos a abandonar a velha Europa.

Despojado de seu finalismo ético e político e reduzido a acervo disponível de morfemas e encadeamento programado de procedimentos, o *Movimento Moderno* difunde-se e é então aceito sem maiores reservas pelo público, pelo mercado e pela indústria. Com Anatole Kopp[36], pode-se considerar que o *moderno* deixara de ser *causa*, tornando-se *estilo*, embora internacional. Se, em geral, os governos discricionários estimulam a recorrência de preceitos acadêmicos, fazendo as Artes exaltarem o poder – aliás, com resultados pífios –, em países como a Itália e o Brasil eles se valem, ambiguamente, da nova Arte para propagandear uma modernidade de Estado *novo*.

É significativo que o derradeiro movimento no ciclo das vanguardas, com seus manifestos e seu proselitismo, enalteça o onirismo, o inconsciente, a aleatoriedade, e estabeleça uma ortodoxia que vindica a participação político-partidária, alegando a inviabilidade de a Arte transformar homens sem revolucionar a sociedade. André Breton e Leon Trótski (Diego Rivera) explicitam:

> O que queremos:
> A independência da Arte – para a revolução;
> A revolução – para a liberação definitiva da Arte[37].

Entretanto, nos anos que aparelhavam o segundo episódio da Guerra Mundial, as condições para a emergência de outras vanguardas haviam se exaurido. Assim como as proposições éticas e gnosiológicas da *Ilustração* não poderiam ser concebidas senão enquanto aderentes a uma aspiração de renovação das instituições e das relações sociais, o projeto artístico construtivo é indissociável das transformações políticas que se tinham por iminentes. Despotenciado da visão prospectiva e do valor inaugural de um *Novo Mundo*, o desvelo dos intelectuais ativos nos movimentos vanguardistas fica restrito a um trabalho negativo contra as tradições no trabalho positivo de (re)criação de linguagens. Esvaíra-se a expectativa convocatória do nascimento de um *Novo Mundo*: um mundo que fora, em grande parte, concebido no tempo *raciocinante* das *Luzes*.

---

36. A. Kopp, *Quando o Moderno Não Era um Estilo e Sim uma Causa*.
37. A.Breton e D. Rivera (L. Trotski), "Por uma Arte Revolucionária Independente", em A. Breton, *Por uma Arte Revolucionária Independente / Breton-Trotski*, p. 46.

6. Arrebóis do Novo

Eu rompi o quebra-luz azul dos limites da cor e cheguei ao branco. Sigam-me, camaradas aviadores, até o impenetrável! Eu estabeleci os postes sinalizadores do suprematismo. A impenetrabilidade livre, o infinito aguarda-vos [1].

Caos, terror, penúria, guerra civil, abalaram os tempos seguintes à eclosão da *Revolução de Outubro*. Apesar de tantos pesares, um arrebatado fervor revolucionário acalentou a convicção de que o porvir necessário de todos os povos se forjava ali. Enquanto o inimigo armado e a conspiração reacionária eram enfrentados, também urgia reorganizar a produção e implementar a nova ordem coletivizada: às vanguardas, engajadas no combate pelo *novo*, competia, na divisão *revolucionária* do trabalho, prefigurar um modo de vida inaudito, que subvertesse antigos costumes, e renovar as Artes, que empolgassem as massas. Sendo então a população russa dominantemente rural e vista pela vanguarda ocidentalizada como atrelada a hábitos e valores arcaicos, convocam-se as Artes para o desenho da imagem, *óbraz*, do *Novo Mundo* que *Outubro* trouxera à luz: monumentalizando a *Terceira Internacional*, icástica, totêmica, projeta-se, proletária, a Torre de Tátlin (1919-1920). Escorados por um eixo dinamicamente inclinado[2], evolvem dois helicóides de

---

1. K. Malevitch apud J. Simmen e K. Kohlhoff, *Kazimir Malevitch: Vida e Obra*, p. 61.
2. Cosmogonicamente, o ângulo da inclinação da estrutura da Torre em relação ao plano geometral é igual ao existente entre o eixo da Terra e o plano da eclíptica.

aço que, nos seus mais de quatrocentos metros de altura, envolvem três sólidos geométricos de faces cristalinas – cubo, pirâmide e cilindro – que, semoventes, revolucionam em seus eixos com periodicidades próprias – um ano, um mês, um dia. Metonímia que hiperboliza a cinética revolucionária, a Torre de Tátlin depura o imaginário do futuro que ora se augura. Nela, *materiais racionais* – luz, planos, espaço, cor, volume – e *materiais sólidos*, igualados em denominador comum, interagindo, enquanto conferem fisicalidade ao inteligível, propiciam legibilidade ao material. Precisa Vladimir Tátlin:

> Tal como o produto da freqüência das oscilações pelo comprimento da onda é a medida espacial do som, também a proporção entre vidro e ferro é a medida do ritmo material. Com a união destes materiais fundamentalmente importantes, se expressa, ao mesmo tempo, uma compacta e imponente simplicidade e uma relação, pois tais materiais, para os quais o fogo é o criador da vida, constituem os elementos da Arte moderna[3].

Na flama dessa Arte vulcânica, os lábaros das vanguardas – aderindo ao Plano de Propaganda Monumental, promulgado em 1918 –, lançam-se na agitação popular e sublimam agentes e atos revolucionários: trens de propaganda atravessam estepes; flâmulas ocupam pináculos; painéis assaltam visibilidades; tribunas avançam sobre praças; e poemas invadem fábricas. À vida das encenações burguesas sucede-se, na Agit-Prop, a *teatralização da vida*, pela qual o proletário é estimulado a se apresentar, simultaneamente, autor e protagonista, espectador de sua própria ação transformadora.

A mobilidade vanguardista, desde Gustave Courbet, enfrenta a cristalização doutrinária, circulando à margem do patrocínio oficial das Artes: *salons*, *académies*. No entanto, naquele Estado no qual, desdenhando-se o pretérito, desenha-se a construção do socialismo, as vanguardas se perfilam à empresa oficial, que as perfilha, na instituição da nova socialidade, subordinando-se, deste modo, aquelas, à *verdadeira vanguarda*, dos Sovietes ao Partido, consciência e comando da Revolução. Postula-se como axiomático que, sendo a transformação estrutural do modo de produção o motor de todas as superestruturas, o campo da cultura é epifenomênico. Entusiástica, demiúrgica, a intelectualidade vislumbra, fulgurada pela centelha (*Iskra*) revolucionária, a revelação da idéia *homem*, da qual decorrem os demais conceitos. As especulações quanto ao invariável no *homem* o panoramizam nos quadros de um Absoluto, ideado acima das conjunturas dos hábitos e das conjecturas das culturas. O *Proletcult* (*Proletárskaia Cultura*) postula o seminário de uma cultura radical, em consonância com o *Novo Mundo* que por *Outubro* medra.

---

3. V. Tátlin apud K. Frampton, *Historia Crítica de la Arquitectura Moderna*, pp. 172-173.

Enquanto, de fevereiro a outubro, a destituição do Tsar e o governo dos mencheviques, o golpe bolchevique, o armistício externo e o confronto interno precipitam-se, no *front* das Artes a vanguarda afronta o *direitismo* retrógrado das Academias. A princípio surpresos e relutantes ante a radicalização do político, não tarda que os *modernos* se incorporem aos embates da Revolução Proletária, convictos de que por ela, revogando-se o passado, descortinam-se perspectivas futuristas para a Arte: alinham-se, então, estes, às convulsões emergentes, sancionando a irrupção de uma nova Arte, sem aura ou virtuosismos, sincronizada com o espírito do tempo e sintonizada com o povo, liberta do mercado – de seus aparelhos – e direcionada para o objeto: os cartazes e estandartes que se espalham pelas esquinas, a decoração urbana e a poesia proletária. Vladimir Maiakóvski:

> Não há mais tolos boquiabertos,
> esperando a palavra do mestre.
> Dai-nos, camaradas, uma Arte nova.
> – nova –
> que arranque a República da escória[4].

A Arte, afirma-se, pode permear-se na própria vida, partilhando o cotidiano do operário, e renunciar à presunção de autotelia, engajando-se. A revista LEF – *Levy Front Iskustv* (*Frente de Esquerda das Artes*), – ativa entre 1923 e 1925, sob o comando de Maiakóvski e Óssip Brik –, adverte em seu manifesto: "Por que combate a LEF":

A LEF agitará as massas com nossa Arte, tomando delas sua própria força organizadora.
A LEF combaterá por uma Arte que seja construção da vida[5].

As classificações genéricas de decrépitas Academias, que congelam as Artes em suas especificidades e as senectas hierarquias – que as consolidam como *belas* ou *aplicadas*, maiores ou menores –, são sideradas: o edifício é projetado como um Teatro no qual se cinematizam Pintura, Escultura e Arquitetura e, às vezes, como na Torre de Tátlin, também Música que dança. Aliás, Pintura e Escultura, vazando do confinamento em painéis e nichos, tornam-se cromatismo, harmonia e ritmo arquitetônicos que, afinando entre si ressonâncias edilícias, concertam a polifonia urbana: *Arte total*, ópera wagneriana inscrita na tessitura da cidade[6]. A Arte se desterra do museu, templo das musas,

---

4. V. Maiakóvski, "Ordem n. 2 ao Exército das Artes", trad. Haroldo de Campos, em *Poesia Russa Moderna*, pp. 249-252.

5. Idem, "Por qué Combate el Lef" apud V. De Feo, em *La Arquitectura en la U.R.S.S.- 1917-1936*, p. 31.

6. "Todos os ornamentos acessórios que a rua de uma metrópole impõe ao edifício: cartazes, marcas publicitárias, relógios, alto-falantes, assim como os elevadores no inte-

e, aderindo à causa socialista, sincroniza-se ao *compasso* da ação das massas e confraterniza com o povo. Nas palavras de Lunatchárski:

> Chegou Outubro, estava pleno de estrondo, de grandiosidade, de Urbanismo. Prometia aos grupos de esquerda liberá-los do estado de submissão um pouco irônico a que havia relegado a burguesia o seu filho menor, a quem não lhe houvera ainda reconhecido os méritos. O futurismo estendeu a mão à revolução[7].

Entretanto, em breve, a morosidade na transmutação dos costumes refreia o ímpeto revolucionário: ao afã suprematista do absoluto – o quadrado branco enquadrado no branco, o quadrado do branco –, sucede-se uma relativização dos augúrios inauguradores face às constrições das condições.

O momento seguinte, nos inícios da década de 1920, sendo o da construção da União Soviética como economia socialista, a energia das massas é drenada para o trabalho em minas, usinas e fábricas, que o plano estabelece. Toda a força de trabalho, inclusive a dos trabalhadores na Arte, é recrutada na Revolução para participar na sinergia construtiva do socialismo. Outras solicitações colocam-se para os arquitetos, para os artistas: estabelecem-se então, entre outros institutos para a formação artística, a Svomas (Ateliês Livres de Estado), mais tarde Vkhutemas (Ateliês Estatais Superiores das Artes e das Técnicas), – instituição didascálica que propaga uma renovada disciplinaridade arquitetônica, concebida a partir da cultura emergente –, e a concepção dos *condensadores sociais*, pelos quais se forje o novo modo de vida. Os artistas, engrenados na causa do coletivo, alinham-se ao eixo da direção política centralizada e, abjurando a autarquia da Arte, propõem-na produtiva: abole-se a abstrata polarização entre a abstração do trabalho intelectual e a concretude do labor manual, igualando-os como utilitários. A heteronomização do intelectual não constitui apanágio da economia socialista: o que particulariza a posição dos construtivistas é a tese de que a autonomia de seu trabalho não é, tal qual se dá com o técnico assalariado, confiscada mediante um contrato, mas consagrada à *verdade (Pravda)*, como empenho coletivo de formular a socialidade. O demiurgo cede lugar ao técnico, o *engenheiro-cientista social*, o qual, informado pelo rigor das Ciências e instrumentalizado com o poder das técnicas, opera as demandas *produtivas* que, no mundo burguês, caberiam aos artistas e, de modo geral, à dita *intieliguêntzia*. Afirma Francesco Dal Co:

---

rior, inserem-se na estrutura total como partes equivalentes que tendem à unidade".

"Esta é a estética do construtivismo". El Lissitzky, *1929; La Reconstrucción de la Arquitectura en Rusia y Otros Escritos*, p. 15.

7. A. V. Lunatchárski, "Izvestia, 25 de abril de 1926", apud F. Dal Co, "Arquitectos y Ciudades – Unión Soviética: 1917-1934", em A. Asor Rosa, et alii., *Socialismo, Ciudad, Arquitectura - URSS 1917-1937*, p. 117.

Depois da Revolução, a vanguarda não pode mais existir enquanto tal: é totalmente reabsorvida por um único projeto de racionalização *tout court* do sistema, torna-se totalmente funcional à componente autoprojetante das leis de crescimento do sistema: já não pode ser variável externa[8].

Em tais circunstâncias, as imposições da objetividade, a dissolução dos *gêneros*, a dessublimação da artisticidade e a programação da supressão da Arte, subsumem-se ao finalismo da busca de *reconstrução do modo de vida (Perestroika Byta)*. Assinala Alexei Gan:

A nossa é uma época industrial. A Escultura deve dar lugar ao objeto material em sua solução espacial. A Pintura não pode lutar contra a figuração luminosa, a fotografia. O Teatro é ridículo no momento em que as "ações pondo em cena as massas" caracterizam a época. A Arquitetura é impotente para deter o desenvolvimento do construtivismo. O construtivismo e a ação das massas estão ligados indissoluvelmente ao modo de produção de nosso modo de vida revolucionário[9].

Assegurando-se a causalidade dos modos de vida nas formas da Arte, polemiza-se sobre o caráter e a sensibilidade do socialista, logo, do *homem em geral*, que conformam a formatividade sintetizada nos novos conteúdos artísticos. É mister, pois, conceber as inéditas formas que serão, ao mesmo tempo, continentes e conteúdos revolucionários: "A noção de forma tem um novo sentido: não é mais um invólucro, mas uma integridade dinâmica e concreta que tem um conteúdo em si mesma, fora de toda correlação"[10].

Intervindo nos modos de vida, a artisticidade, – na transição da anarquia concorrencial e destrutiva da hegemonia burguesa para a ordem finalista da sociedade *sem classes*, solidária e construtiva –, enfatiza funções cognoscitivas e propedêuticas. Professando o advento do verdadeiro homem, *socialista*, os movimentos progressistas nas Artes empenham-se no estabelecimento de linguagens universais, cuja compreensibilidade unívoca se fundamenta na invariância dos processos perceptivos.

Com a vitória do *Vermelho* sobre o *Branco* – que consolida o regime bolchevique –, institucionaliza-se a previsão planejada que, de início, não exclui a prefiguração visionária. Em 1921, com a NEP (Nova Política Econômica), planejando a organização da economia soviética – a infra-estrutura de transportes e comunicações, a eletrificação, a mineração e a industrialização, a par com os mecanismos de controle administrativo e político, contam como prioridades –, o bordão de Lênin repercute em cartazes que concitam os trabalhadores ao alistamento na equação: *comunismo = sovietes + eletrificação*. A

---

8. F. Dal Co, "Arquitectos y Ciudades – Unión Soviética: 1917-1934", em A. Asor Rosa et. alii., op. cit., p. 97.

9. A. Gan, "Le Constructivisme", apud A. Kopp, *Changer la Vie, Changer la Ville: de la Vie Nouvelle aux Problèmes Urbains 1917-1932*, pp. 41-42.

10. B. Eikhenbaum, "La Teoria del Metodo Formal", em B. Eikhenbaum, V. Sklovski e Y. Tinianov, *Formalismo y Vanguardia*, p. 15.

exploração programada dos recursos naturais, a construção e a operação de usinas e complexos industriais, bivacando destacamentos operários, redistribui os efetivos pelo território. A batalha pela cidade socialista é posta na *ordem do dia*.

No período, dito da *acumulação socialista*, os projetos para reformas urbanas ou para a criação de novas cidades têm por propósito promover a racionalização extensiva das relações sociais, condicionando-as segundo o paradigma industrial de otimização das relações de produção. Proclamando-se que o socialismo se constitui como a superação das contradições que agravaram os perimidos modos de produção, atribui-se à *cidade socialista* o realizar a Razão. Nela se hipostasia, ideal, o *Novo Mundo* e o *Homem Novo*: neste empenho, as correntes progressistas esperam contar com a inexorabilidade das leis objetivas da História, tal como estimam que Karl Marx as promulgara. Via-se neste socialismo auroral aquele levante – *luz que resplandecia no Leste* – que, um dia, não muito tarde, sucederia também ao crepúsculo do Ocidente. Assim, os esquemas urbanísticos e os projetos de novas cidades, ao mesmo tempo em que atendem a demandas, conceituais, práticas, atentando para o futuro, são pensados e propostos também como metodologias paradigmáticas. O Urbanismo professado então na União Soviética pretende, enquanto se aplica à particularidade das conjunturas, formular a generalidade de *modelos* para o *Novo Mundo*.

Na antiga Moscou revolucionada – que expropria da áulica e ilustrada São Petersburgo a condição de Capital –, a par da permanência de correntes artísticas ambiguamente acadêmicas, racionalistas e construtivistas disputam sobre as formas e funções da Arte no socialismo. Os racionalistas constituem o grupo Asnova (Associação dos Novos Arquitetos) e, na proposta de "Fundamentos para a Elaboração de Uma Teoria da Arquitetura", escrevem, em 1926, com Nikolaï Ladóvski:

> O racionalismo da Arquitetura funda-se, como o técnico, sobre o princípio de economia. A diferença consiste em que o racionalismo técnico é uma economia de trabalho e de material, visando a uma edificação racional, enquanto que o racionalismo da Arquitetura é economia de energia psíquica visando a uma percepção das propriedades espaciais e funcionais do edifício. A síntese de ambos em uma mesma construção consiste na rácio-arquitetura[11].

O postulado de cientificidade, de didática e, assim, de uma teoria geral da percepção, aproxima o grupo *racionalista* das eqüevas vanguardas construtivas européias. Para todos esses movimentos artísticos, a racionalização extensiva e intensiva dos procedimentos pro-

---

11. N. Ladóvski, "Fundamentos para la elaboración de una teoria de la arquitectura (desde el punto de vista de la estética racionalista)" em A. A. V. V., *Constructivismo*, p. 167.

jetivos será, em si mesma, revolucionária, pois projetam, na Razão, o sentido necessário da História: nitidamente inteligível, a *construção* supera, mas sem os assimilar, os estilismos historicistas e os convencionalismos academizantes. A ebulição cultural e a febre construtiva, que aquecem Moscou, acendem a atenção das vanguardas ocidentais pelos debates e propostas que ali incendeiam: a gestão planificada da economia, o controle programado da ocupação e da renda fundiária, a repartição dirigida da população e, sem as deseconomias da concorrência e os embaraços da propriedade privada do solo urbano, a viabilização da edificação de conjuntos urbano-industriais, ensejam que se anteveja, na planificação da União Soviética, o Eldorado do planejamento, da construção conseqüente. Le Corbusier vislumbra ali a Canaã dos técnicos:

> Moscou é uma usina de planos, a Terra Prometida dos técnicos. Equipa-se o país! Um afluxo surpreendente de planos: planos de usinas, de barragens, de manufaturas, de edifícios residenciais, de cidades inteiras. Tudo sob um só signo: tudo aquilo que traz o progresso. A Arquitetura infla, agita-se, mobiliza-se, e pare, sob o sopro e a fecundação dos que sabem algo, e dos que o simulam[12].

Há então, na Europa ocidental, intenso interesse pela divulgação das idéias e dos projetos soviéticos: artistas e intelectuais vão amiúde à Europa ocidental, especialmente a Berlim, onde um *Clube Soviético*, *Haus der Künste,* reúne-se no Café Leon. Em 1922, promove-se, na galeria berlinense *Van Diemen*, a Exposição Soviética, na qual as experiências de Lissitzky, Gabo, Antoine Pevsner e Ródchenko são difundidas. Os artistas progressistas propagam que, apenas nas condições geradas pelo nascente socialismo, pode-se gestar uma Arte fecunda, inovadora e justa, como assinala Ehrenburg:

> Uma Arte construída de maneira justa só pode existir no seio de uma sociedade organizada de modo racional. [...] A nova Arte é favorável a um plano único, ao sistema, à organização, em contraste com o impressionismo anárquico da sociedade pequeno-burguesa[13].

Por meio de Lissitzky estreitam-se contatos com membros do *De Stijl*, com algumas facções da *Bauhaus* e com os arquitetos municipais das experiências do Urbanismo socialdemocrata na Alemanha, procurando-se organizar esses grupos numa *Internacional do Construtivismo*, coordenada a partir da União Soviética. Em Berlim, no ano de 1922, Lissitzky e Ehrenburg editam a revista soviética *Vesch* (objeto) que "é pela Arte construtiva, que não embeleza a vida, mas

---

12. Le Corbusier, "Atmosphère Moscovite", em *Précisions sur un état présent de l'architecture et de l'urbanisme,* p. 262.
13. I. Ehrenburg, "Eppur si muove, Moscou e Berlin: 1922", apud M. Tafuri, *La Esfera y el Laberinto: Vanguardias Y Arquitectura De Piranesi a los Años Setenta,* p. 181.

a organiza". Em maio do mesmo ano, partidários do internacionalista *De Stijl*, do politizado DADÁ berlinense e do Construtivismo soviético, celebram, em Dusseldorf, um engajado Congresso de Vanguardas, alardeando o lema lefista: *a Arte como construção da vida*. Provocativamente, neste congresso programa-se outro encontro a ocorrer em Weimar, no qual se hostilizariam o vitalismo antroposófico propalado por Johannes Itten e a eticidade gremial que, segundo eles, conspurca então a *Bauhaus*. Congrega-se o Comitê Central da União Internacional dos Construtores Neoplásticos.

O grupo *construtivista* se articula, em 1925, na OSA (União dos Arquitetos Contemporâneos), mais tarde transformada na SASS (Secção de Arquitetos da Construção Socialista), por sua vez extinta em 1932. Os irmãos Alexander e Vladimir Vêsnin, Alexei Gan, Moisei Guinzburg, além dos pintores Alexander Ródchenko e Varvara Stepánova, prosélitos deste grupo, enfileiram-se na corrente que prioriza a consolidação do socialismo, enquanto os *racionalistas* advogam o privilégio universal da Razão, constitutivo, quer de sintaxes artísticas, quer de reformação social. Em *O Construtivismo*[14], publicado em 1922, Alexei Gan apregoa que a Arte, sendo fundada na Metafísica, está fadada a com ela abismar-se, e afirma que os construtivistas se alicerçam no sólido método do *materialismo histórico* para edificar a História em geral e, assim, a História da Arte. O *materialismo dialético* "é, para o construtivista, uma bússola que indica o caminho a ser seguido e as metas futuras"[15]. Assim, exaltado como oriente e horizonte de todo saber válido, o método do *materialismo dialético* se aplica tanto à Ciência da História quanto às Ciências da Sociedade e da Natureza. Norteados por seus princípios, os construtivistas assentam sua nomologia morfológica, que postula refundar, sobre renovados esteios, as prescrições da Arte.

Gan afirma ainda que "a cidade socialista constitui o fim preciso da construção"[16]. A Arquitetura se consolida, desse modo, enquanto construção, imediatamente, Urbanismo, e o edifício, sua situação, sua distribuição, sua função, deriva da cidade enquanto a integra. Para as luzes do *socialismo científico*, a Ciência é utilidade: ela sistematiza os conhecimentos e os procedimentos, orienta a aplicabilidade técnica e avaliza a previsibilidade do plano, pois, sendo tudo calculável, nada há de ser fortuito. Identificando-se a técnica com a Arte, bane-se nesta o biográfico, o idiossincrático; a *expressão*, se ainda subsiste, afasta-se do subjetivo[17].

14. A. Gan, *El Constructivismo*, em A. A. V. V., op. cit., pp. 109-159.
15. Idem, ibidem, p. 141.
16. Idem, ibidem, p. 150.
17. "Nosso construtivismo se propõe fins muito claros: encontrar a expressão comunista das instalações materiais. Nosso construtivismo é batalhador e inflexível; luta encarniçadamente contra os gotosos e os paralíticos, contra os pintores de direita e de esquerda, em uma palavra, contra todos que defendem, mesmo que minimamente, a atividade especulativa da Arte". Idem, ibidem, p. 158.

Entregando a atividade à *práxis*, os construtivistas propugnam pela aplicação científica e pelo avanço tecnológico, objetivando, no atendimento de necessidades sociais, a representação do progresso como imagem da enervação revolucionária. Nos anos de 1920, entretanto, ali, a técnica avançada ainda é virtualidade: por um lado, ela anuncia o dinamismo e a positividade dos novos tempos, por outro, pouco se constrói, sendo ainda preciso superar as carências de materiais e de recursos e sobrelevar o atraso no desenvolvimento científico e industrial. Almejando, no entanto, exalçar a homologia da racionalidade técnica e da cientificidade da Revolução, os conteúdos técnicos são celebrados pelo imaginário das vanguardas. O projeto de Konstantin Mêlnikov para o Pavilhão da URSS na Feira de Artes Decorativas de Paris de 1925 – duplo prisma truncado, fendido por uma diagonal de escadarias à sombra de painéis oblíquos alternados, contraponteado em um vértice pela verticalidade de torre treliçada –, dramatiza a foronomia revolucionária enquanto simula, artesanalmente, na marcenaria, precisão de metalurgia industrial.

Postulando a construção da forma (*morphé*) como uma *maiêutica* e a congruência do útil e do belo, os programas construtivos circulam entre leste e oeste da Europa, no entanto, só na União Soviética, garantem, dispõe-se das condições necessárias para sua efetivação, pois apenas lá a propriedade do solo urbano e dos meios de produção é pública, estatal. A precariedade do desenvolvimento técnico, as adversidades do clima e da geografia, a incipiência no adestramento dos trabalhadores para as lides industriais e a carência crônica de materiais e de recursos serão superados, estima-se, pelo empenho coletivo, apoiado no Estado, de fazer ali se gestar o *Novo Mundo*.

Na vigência da NEP, os construtivistas se impõem a urgência da veemência dos decretos revolucionários. À oportunidade do Urbanismo, que, por monumentos, tribunas, torres, mausoléus, qualifica lugares em que se espetaculariza o heroísmo dos vitoriosos, acrescenta-se a ocasião do planejamento, que quantifica espaços para apropriá-los em prognósticos finalistas. É então imperativo planear, prever para promover, abolir a arbitrariedade, controlar o caudal do casual... A manutenção da chama revolucionária concita os arquitetos à concepção de edificações e cidades que, resultando do novo *modo de vida*, o produzam: um *Novo*, por assim dizer, um Absoluto.

Nem a aurática Arte, nem os volitivos valores, nem os costumes dos tempos da desumana exploração do homem podem remanescer. A natureza *científica* do socialismo implica na exigência de cientificidade em todos os cometimentos: entende-se que o método de pesquisa nas Ciências deva se estender tanto à análise das condicionantes projetuais, quanto à produção morfológica. Indaga-se sobre o característico no homem e se quantificam, sistematizando-as, a fisiologia e a psicologia para que a partir delas se estabeleçam, concretamente,

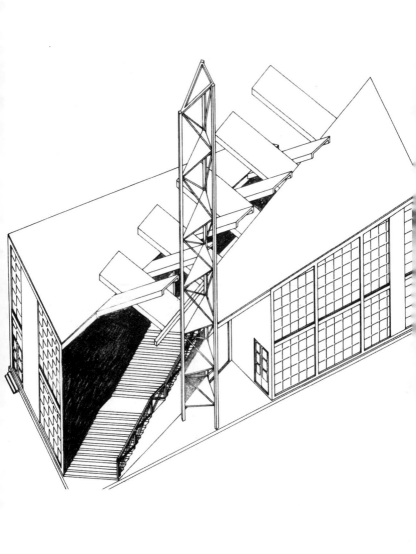

as necessidades do homem e o que ele *deve* desejar. O conhecimento positivo condiciona o modo de vida socialista e a construção da forma lhe conforma a fisionomia. Delineando a imagem desse modo de vida, a atenção às especificidades disciplinares da Arquitetura resta arrefecida face ao acalorado das polêmicas relativas a questões programáticas: células individuais ou habitações coletivas; concentração ou dispersão demográfica; reabilitação ou erradicação das cidades existentes; constituição de nova rede urbana etc. Tais disputas têm por escopo esclarecer o caráter *socialista*, pois, uma vez estabelecido este, a nova Arquitetura – o novo Urbanismo – estará conseqüentemente consubstanciada. A cidade industriosa tornar-se-á, a um só tempo, geradora e fruto desta nova personalidade. Proposta como o *condensador social* geral, a cidade, pela urbanização, conecta os condensadores sociais específicos, que são novos tipos de edifícios pelos quais se amolde ou cristalize, socialista, o modo de vida. Os *condensadores sociais*, à semelhança dos elétricos, acumulam e equalizam tensão e, como os químicos, destilam, não vapores, mas sim um novo *socius*.

L. M. Sabsovitch, em *O Problema da Cidade*[18], procura demonstrar que "na hipótese do plano geral, no curso de três qüinqüênios, pode-se aumentar a produção da indústria em 25 ou 30 vezes"; contudo, mais exato ainda, inflaciona seus números:

> Estes cálculos são totalmente aproximativos, já que na realidade poderemos aumentar a produção em 40 ou 50 vezes [...]. O problema da cidade deve resolver-se somente na base do plano geral, enquanto que o plano geral de desenvolvimento econômico só pode realizar-se como plano de edificação do socialismo[19].

Precisando melhor a minúcia de seus cômputos, Sabsovitch antecipa que em quinze anos o patrimônio de instalações elétricas será multiplicado por 35, a rede ferroviária quintuplicará, os recursos em construção serão oito vezes maiores etc. O sobretrabalho, então investido pelos soviéticos, será ressarcido nesses três lustros, porquanto a jornada de trabalho estará então reduzida ao máximo de cinco horas, chegando, nos cinco anos seguintes a quatro, quiçá a três horas, mesmo consideradas as férias de quatro ou seis meses ao ano[20]. Quanto às

---

18. L.M. Sabsovitch, "El Problema de la Ciudad" publicado originalmente com o título *Vopros Goroda*, pela Varnitso de Gosudarstvennoe Technicescoe Izdatelstvo (Associação dos Trabalhadores Científicos e Técnicos da URSS), em P. Ceccarelli, *La Construcción de la Ciudad Soviética*.

19. Idem, ibidem, pp. 4-5.

20. "A educação coletivizada das crianças e a coletivização dos serviços atinentes às necessidades fundamentais de vida dos trabalhadores, (que liberarão a mulher dos 'trabalhos do lar' e do cuidado das crianças), uma significativa redução da jornada de trabalho obrigatória (no terceiro qüinqüênio, não mais que cinco horas, no quarto qüinqüênio, quatro ou mesmo três horas de trabalho diário, a par com uma notável redução dos meses de trabalho durante o ano, ou seja, um aumento significativo na duração das atuais férias, talvez até quatro ou seis meses por ano), a redução da idade de aposenta-

velhas cidades, por imprevisíveis, incompatíveis com o seu socialismo, Sabsovitch propugna por sua supressão, "apagando-as da face da terra, substituindo-as por conjuntos urbanos de tipo completamente diferente".

O elemento mais importante que distinguirá as povoações de tipo socialista das cidades e vilas atuais está em que as múltiplas e diferentes funções de serviço do sistema de vida dos trabalhadores (hoje unificadas segundo um tipo único de economia doméstica, baseado na família), serão diferenciadas e coletivizadas. A organização de cada uma destas funções constituirá um setor autônomo e terá funções autônomas, que realizará uma organização especial, um determinado órgão social [...]. Em realidade, os edifícios de habitação deverão servir apenas como tais, ou seja, como alojamento e mais concretamente como alojamento de adultos, já que o problema do alojamento das crianças deverá ser resolvido separadamente, junto com o problema da educação coletivizada[21].

A nova cidade é planificada como um dispositivo, no qual a cada função específica corresponde um órgão diferenciado. À semelhança da divisão técnica do trabalho, proporciona-se uma distribuição *científica* das funções urbanas que, especializadas, imiscíveis, espacializam-se no território de modo que os circuitos se equalizem pelo condensador social *cidade*. Este, puro sistema relacional, não tendo centro, não estende periferia: *ville* sem *cité*, nele não se tolera a aparente desordem do simbólico; catedral, mercado, vizinhança, corporação, comerciante e *lumpesinato*. O civismo plano, gravitando com regular intensão por todas as partes, não tem núcleo fora do Planejamento. Entretanto, nesse novo tempo *raciocinante*, que pelo socialismo se pretende atualizar, cumpre também coibir como excessos *os abusos, sonhos da Razão* que, como já se assinalara, geram monstros: em 16 de maio de 1930, o C.C. do P.C.[22] doutrina, em sua "Resolução sobre as Tarefas Relativas à Transformação do Modo de Vida" que,

paralelamente ao movimento em favor de um modo de vida socialista, alguns camaradas (Sabsovitch, Lárin) têm levado a cabo tentativas extremistas, carentes de fundamento, semifantásticas e, por isso mesmo, extraordinariamente prejudiciais, com o fito de superar com um salto os obstáculos encontrados no caminho da transformação do modo de vida em sentido socialista; obstáculos cujas raízes estão, por um lado, no atraso econômico e cultural do país, e por outro, na necessidade, nas atuais condições, de consagrar a parte essencial dos recursos à industrialização acelerada do país: único meio para constituir as bases necessárias para uma transformação radical do modo de vida[23].

doria, tudo isto fará possível aos cidadãos da sociedade socialista dedicar muito tempo ao repouso, às ocupações artísticas ou científicas livres, à prática da educação física, ou seja, a todos os aspectos do esporte etc. O conceito de 'profissão' não será mais uma característica fundamental para o homem que trabalha". Idem, ibidem, pp. 18-19.

21. Idem, ibidem, pp. 16-17.
22. Comitê Central do Partido Comunista.
23. "Resolución del C.C. del P.C. (b) del 16 de mayo de 1930 sobre las Tareas Relativas a la Transformación del Modo de Vida" (publicada no *Pravda* em 29 de maio

Priorizando o econômico em desfavor do que acusam ser devaneios acerca de um modo de vida que se deseja abruptamente transtornar, os dirigentes partidários contratam arquitetos estrangeiros, sensatos na experiência de planejamento de grandes conjuntos edilícios, de industrialização na construção e de seriação no trabalho. Eles são recrutados como técnicos – que não delirem, como os russos – no esforço para projetar e construir habitações, indústrias e cidades. Reiterando a precedência do estrutural, a produção, o *Plano* fixa metas para a consolidação da economia socialista; as mudanças na cultura e nos costumes, assim, no modo de vida, por superestruturais, serão propiciadas gradativamente, acompanhando, *naturalmente*, a consolidação das condições produzidas na *evolução*, transformação direcionada, da estrutura. O *Plano*, qüinqüenal, ordena: a localização, a destinação e a quantificação nas cidades projetadas decorrem de suas disposições que, solidarizando-as, potenciam as ações dos agentes produtivos. A forma se reduz então a uma questão operativa de minimização de meios para a consecução de fins ponderadamente determinados: na vigília desta Arquitetura, Urbanismo, a *Polytechnique* desconsidera a *Beaux-Arts*.

As propostas dos construtivistas concebem a regeneração da sociedade por meio da interpretação de certos textos canônicos do marxismo, especialmente os escritos polemistas ou de divulgação. A cientificidade com que os movimentos artísticos afiançam caucionar suas postulações associa-se, em geral, ou à visão mecanicista da Ciência, ou à epigenesia da *Dialética da Natureza* de Friedrich Engels. As análises do complexo e do elementar e as taxionomias exaustivas, conjugadas à hegemonia do causal, nos quadros de um evolucionismo finalista, caracterizam a positividade deste socialismo desejado. Na concepção da cidade soviética, de acordo com este viés analítico, os indivisíveis, átomos, conjugam-se em agregados, moléculas, engendrando uma unidade superior, o social, segundo a legalidade necessária da Ciência, que a consubstancia. A cada adulto cabe uma pequena cela, célula; as células colmeinizam-se em unidades de habitação, ou *casas-comuna*, às quais se acoplam módulos de serviços, formando os conjuntos habitacionais; estes, em escala adequada, agenciam-se em quadras (*kvartali*) – a unidade do plano – que, combinadas em distritos urbanos (*mikroraioni*), dotados de equipamentos em nível superior (clubes operários, palácios proletários etc.), congregam as áreas residenciais; tais zonas, apostadas a outras, industriais, de lazer, administrativas, conformam as cidades, perfeitamente decomponíveis em seus elementos. As urbanizações se situam e se articulam seguindo o disposto pelo *planejamento regional*, detalhamento do *territorial*, que é parte do *plano econômico*. No *Plano,* assenta-se a construção do socialismo. Nikolai Miliútin:

de 1930), em P. Ceccarelli, *La Construcción de la Ciudad Sovietica*, p. 187.

Cada assentamento (urbano) deve ser considerado como sendo um todo unitário, no qual estão situados, conectados entre si, do modo mais lógico, racional e funcional, os componentes essenciais: indústria, agricultura, transportes, energia, administração, habitação, ensino, estudo[24].

Negligencia-se, muitas vezes, que é sobre a friável dialética de Engels que se amparam os construtivistas na fundação do novo modo de vida: a polaridade campo-cidade, tematizada no *Anti-Dühring*, deve ser suprassumida, ou por dispersão desurbanizadora, ou por distribuição da população em cidades lineares que, distendendo-se pela extensão dos campos, anexam-se a eixos de circulação. *A Questão da Habitação*, por sua vez, é problema do Estado Proletário, não propriedade do indivíduo, pois habitar não é possuir uma residência, é função na sociedade organizada. A família patriarcal, tematizada em *A Origem da Família, da Propriedade Privada e do Estado*, como não se constituindo agregado *natural*, mas, antes, forma histórica economicamente determinada, é conúbio incestuoso da mãe, propriedade privada, com sua prole, a família monogâmica e o Estado. O comunismo, implicando a abolição da propriedade privada dos meios de produção, tem por horizonte a dissolução do Estado: conjectura-se, nos construtivistas, sobre o modo de vida socialista, no qual a *família* é anacronismo, pois o finalismo que extingue a propriedade privada induz à preclusão da família e do Estado, que a perpetram e a perpetuam. Alexandra Kollontai:

> Sobre as ruínas da antiga família (nascerá) uma forma inteiramente nova de relação entre o homem e a mulher que será a união do afeto, da camaradagem, a união de dois membros iguais da sociedade comunista, ambos livres, ambos independentes, ambos trabalhadores. A mulher na sociedade comunista não depende mais de seu marido, mas de seu trabalho.
> Em nome da liberdade, da igualdade e do amor livre, apelamos, operários e operárias, camponeses e camponesas, a empreender com fé e coragem a obra de reconstrução da sociedade humana visando a torná-la mais perfeita, mais justa e mais apta a assegurar ao indivíduo a felicidade que merece. O estandarte vermelho da revolução que, depois da Rússia, se levantará em outros países nos anuncia o advento próximo do paraíso terrestre ao qual, depois de séculos, aspira a humanidade[25].

Assinalando-se *científico*, o socialismo implicaria o advento de um modo de vida do qual decorre uma socialidade em que se programa a eliminação da família burguesa, da família *tout court*, como unidade econômica: a estrutura familiar, fundando-se na propriedade privada, a esposa e os filhos, contando-se entre os bens (e ônus) do pai – a mulher, sendo serva das fainas domésticas, e os filhos, tutelados –, cada moradia constitui unidade autônoma de serviços; por contraste,

---

24. N. A. Miliútin, "Sosgorod: el Problema de la Construcción de las Ciudades Socialistas", em C. Aymonino, *Origenes y Desarrollo de la Ciudad Moderna*, p. 298.
25. A. M. Kollontai, "La Famille et l'État Comuniste", apud A. Kopp, *Changer la Vie, Changer la Ville: de la Vie Nouvelle aux Problèmes Urbains 1917-1932*, pp. 91-92.

nas cidades socialistas, sem vassalos nem criados, estando tudo previsto e disposto, o alimento, produzido em fábricas-cozinhas, é provido em refeitórios; as lavanderias e demais serviços são comunitários e as múltiplas atividades socializadoras são articuladas em pertinentes *condensadores*. A mulher, por sua vez, desobrigada das corvéias do lar, habilita-se como força de trabalho, enquanto as crianças passam à responsabilidade do Estado que delas se encarrega, zeloso, em creches, internatos, escolas. A cidade é *condensador social* que, gerando urbanidade, conforma, socialista, o homem: o vivencial, parcela do produtivo, encadeia-se nas funções urbanas. Augurando "O Novo Mundo", proclama Hannes Meyer: "E a personalidade? O coração? A alma? Somos partidários de uma absoluta segregação. Há que relegá-los a seus campos específicos: o impulso amoroso, o desfrute da Natureza e as relações sociais"[26].

Em *Sosgorod: O Problema da Construção das Cidades Socialistas*, Miliútin propõe um condensador habitacional no qual, para cada adulto, prevê-se uma célula, em quase tudo assemelhada à cela monástica. Para repouso e intimidade, ela contabiliza 8,40 m² (ou precisos 21,84 m³), sendo equipada com: cômoda, uma cama (ou sofá-cama); úteis, caixas para guarda de objetos (cadernos, livros etc.); necessárias, duas, talvez três, cadeiras ou poltronas; singela, uma pequena mesa; ordeiro, um armário embutido para roupas; higiênicos, um lavabo e um armário para os objetos de higiene pessoal; e ainda, laico, um espelho[27]. Constata Manfredo Tafuri:

> A célula não é apenas o primeiro elemento da cadeia de produção contínua que tem a sua resultante na cidade, mas também o elemento que condiciona a dinâmica dos agregados de construções. O seu valor de tipo permite que seja analisada e solucionada em abstrato. A célula construída, nesta acepção, representa a estrutura de base de um programa produtivo, do qual é excluído qualquer componente tipológico ulterior. Agora, a unidade construída não é mais um "objeto". É apenas o lugar em que a montagem elementar das células individuais assume forma física[28].

Em 1928, o *Stroikom* da RSFSR (Comitê para a Edificação da República Socialista Federativa Soviética da Rússia), dirigido por Guinzburg, desenvolve estudos de tipologias habitacionais nos quais se desenhe o máximo *coeficiente de economia*, a ótima relação entre a superfície útil e o volume construído e a nítida especificação de cada função. Deste estudo resultam seis tipos de células, de A a F, conforme os

---

26. H. Meyer, "Die Neue Welt", em *El Arquitecto en la Lucha de Clases y Otros Escritos*, p. 92.
27. N. A. Miliútin, "Sosgorod: el Problema de la Construcción de las Ciudades Socialistas", em C. Aymonino, op. cit.; p. 320.
28. M. Tafuri, *Projeto e Utopia: Arquitectura e Desenvolvimento do Capitalismo*, p. 71.

modos de acesso e de circulação[29]. Guinzburg ainda tolera alguma socialidade familiar, contudo transitória, quando projeta a célula habitacional tipo F de 27 m² (depois concedida com 30 m²). Os irmãos Vêsnin calculam, em Kuznetsk, 15 m² para uma família e 8 m² para um solteiro. Sabsovitch, que dimensiona em 5 ou 6 m² a célula individual, recusa a diferenciação dos Vêsnin, pois estima indiferenciado o estado civil[30].

Sabsovitch avalia: se, para se formar um casal, retira-se a divisória entre duas células, para separá-lo, tranca-se consensualmente a porta. Tal objetividade silenciosa se justifica, pois, segundo propõe o supercoletivista Kuzmin, – que preconiza, ao invés de células individuais, dormitórios coletivos para seis adultos, separando os homens, as mulheres e os casais, *antigos esposo e esposa*[31] – , a cada dia um adulto dispõe de apenas uma hora para aquilo que ele eufemiza como *tempo morto*, entre as 15h58min e as 16h58min (conforme quadro a seguir, item 18):

01.	Deitar-se.	22:00
02.	Oito horas de sono. Acordar.	06:00
03.	Ginástica, 5'.	06:05
04.	Asseio, 10'.	06.15
05.	Ducha (facultativa), 5'.	06:20
06.	Vestir-se, 5'.	06:25
07.	Ir ao refeitório, 3'.	06:28
08.	Café da manhã, 15'.	06:43
09.	Ir aos vestiários, 2'.	06:45
10.	Indumentária (exterior), 5'.	06:50
11.	Ir à mina, 10'.	07:00
12.	Trabalho na mina, 8 horas.	15:00
13.	Ir à comuna, 10'.	15:10

29. P. Sica, *Historia del Urbanismo: el Siglo XX*, pp. 284-286.

30. "Em um modo de vida socialista, todo trabalhador e trabalhadora pode considerar-se como 'solteiro (a)' ou como 'casado (a)' em potência, porquanto todo solteiro pode passar a casado em um dia, assim como cada casal pode decidir a separação, já que são as atuais constrições que criam a obrigação de viver juntos. O problema da habitação, em primeiro lugar, e assim a educação dos filhos no seio da família, não existirão mais, e, uma vez desaparecidas estas pressões, nada obrigará a que marido e mulher continuem a vida em comum... pois os problemas da vida cotidiana, da educação coletiva das crianças, serão resolvidos pelo modo de vida socialista". L. M. Sabsovitch, "C. A. 1930/31", apud A. Kopp, *Ville et Révolution: Architecture et Urbanisme Soviétiques des Années Vingt*, p. 210.

31. Idem, ibidem, p 190

14.	Trocar roupas, 7'.	15:17
15.	Lavar as mãos, 8'.	15:25
16.	Jantar, 30'	15:55
17.	Ir à sala de descanso para uso de um tempo morto de uma hora, 3'.	15:58
18.	Tempo morto de uma hora. Os que quiserem, podem dormir, nesse caso devem ir aos dormitórios.	16:58
19.	Asseio e troca de roupas, 10'.	17:08
20.	Ir ao refeitório, 2'.	17:10
21.	Chá, 15'.	17:25
22.	Ir ao clube. Distrações culturais. Desenvolvimento cultural. Ginástica. Talvez um banho ou nadar numa piscina. É a própria vida que, nesse caso, ditará o emprego do tempo e que estabelecerá o plano. Previsão de 4 horas.	21:25
23.	Ir ao refeitório, cear e ir ao dormitório, 25'.	21:50
24.	Preparação para dormir (pode-se tomar uma ducha), 10'.	22:00

O comportamento do proletário deve reproduzir a precisão cronométrica da máquina e da eletricidade: o trabalhador não é, tal como se dá sob a tirania do Capital, extensão viva da maquinaria, mas parte de uma mecanização integrada dos processos que, produtivos, entre produtos produzem produtores, parcelas do trabalhador coletivo que constrói, na socialidade, o socialismo. O *modo de vida socialista* é ordenado de tal modo que corresponda à própria vontade do proletário, mesmo que ele ainda não a conheça. Pela consciência da necessidade, realiza-se a liberdade do homem, que entende ser sua a autodeterminação. O trabalho cadenciado na fábrica encerra exatidão pedagógica:

A fábrica converteu-se, através de sua exata distribuição do tempo, de seu ritmo de trabalho, pelo qual cada indivíduo se insere na responsabilidade comum, em verdadeiro lugar de formação, a universidade do novo homem social[32].

32. El Lissitzky, *1929, la Reconstrucción de la Arquitectura en Rusia y Otros Escritos*, p. 40.

Lênin é entusiasta do *taylorismo*, assegurando que tal sistema, desvencilhado da "refinada crueldade da gestão burguesa", contém "a série de descobertas científicas mais fecundas que já existiram"[33]. Com o fito de experimentá-lo sistematicamente e adaptá-lo às necessidades soviéticas, instaura-se o *Instituto para a Organização Científica do Trabalho e a Mecanização do Homem* que, dirigido por Gastev, aplica-se ao estudo da racionalização extensiva e intensiva dos processos produtivos e da *vida* em geral. Esta sistematização pretende abranger a estratégia nutricional, a funcionalização do *habitat*, o condicionamento no trabalho, a seriação dos procedimentos e a dinâmica informacional, objetivando a maximização do rendimento. Máximas:

> Visão aguda, ouvido fino, vigilância, informação exata!
> Luta incessante, domínio do corpo!
> Golpe potente, pressão calculada, repouso controlado!
> Alto grau de organização, agilidade![34]

Na professada equação de necessidade e liberdade, a divisão do trabalho torna-se, no trabalho socialista, explicação do mundo e libertação do trabalhador. Por sua participação consciente na divisão *social* do trabalho, ele se conhece parte de um todo suprapessoal. Por sua compreensão da divisão *técnica* do trabalho ele se reconhece como partícipe da racionalidade operacional e assim realiza sua *essência* humana. O trabalho parcelar se mantém, e mesmo se aprofunda, objetivamente, enquanto, subjetivamente, o operário, identificando-se no *trabalhador coletivo*, desaliena-se como classe, em extinção. O produtor internaliza a produção tornando as unidades de produção – fábrica, habitação, clube, cidade – totalidades que o trabalhador exprime.

No período da NEP eram admitidas, e por vezes até estimuladas, determinadas formas de propriedade privada na agricultura e na indústria – exceto para as indústrias de base, de insumos ou bens de produção – assim como organizações cooperativas. Em 1927, com o lançamento do primeiro Plano Qüinqüenal – pelo qual se parcela o país em regiões, reorganiza-se a administração e se estabelecem ambiciosas metas desenvolvimentistas –, coíbem-se as iniciativas particulares, pois a centralização do planejamento deve abjurar o imponderável. O Comitê Central do Partido Comunista dogmatiza os objetivos estipulados e, desterrando a internacional *revolução permanente*, prioriza a consolidação do regime na União Soviética.

---

33. "A última palavra do capitalismo sobre este ponto, ou seja, o taylorismo, contém, junto à refinada crueldade da gestão burguesa, a série de descobertas científicas mais fecundas que já existiram... É necessário estudar e ensinar na Rússia o sistema de Taylor; temos que experimentá-lo sistematicamente e adaptá-lo às nossas necessidades". V. I. Lênin, apud V. De Feo, *La Arquitectura en la U. R. S. S.*, 1917-1936, p. 40.

34. Gastev apud V. De Feo, op. cit., p. 40.

A estimada melhora próxima nas condições de vida é – tal qual nas renúncias religiosas – procrastinada com promessas de uma ulterioridade radiosa. É neste momento que se projetam e constroem dezenas de novas cidades, incorporadas a grandes complexos mineiros e industriais. Estas contam entre cinqüenta e cem mil habitantes, enquanto as vilas agrícolas (*agrogórod*), nas fazendas coletivas, somam de cinco a dez mil pessoas. A urgência dos prazos e a extensão das metas fazem com que se desatendam os debates sobre o *novo homem* e o modo de vida socialista. Pronuncia-se que será pelo desvelo no trabalho, não pelos devaneios (ou delírios) sobre as fantasias utópicas de um *Novo Mundo*, que o trabalhador se compromete com o socialismo, em construção.

O *Plano* extravasa o campo da cidade, organiza o território: com pretensão de Ciência, programa-se a Economia, distribuindo-se a população e os meios de produção pela vastidão das Repúblicas, de modo que matéria-prima, energia, consumo produtivo, distribuição e consumo circulem na melhor disposição. A racionalização, à escala da Federação, é a contrapartida da racionalização da própria vida: o todo determina as partes e ambos se nutrem da mesma seiva. Os planos de cidades decorrem do planejamento regional e este, do Plano Geral da Economia: as edificações, – a velha *Arquitetura* –, segundo os programas específicos, localizam-se urbanas, articuladas pelo plano; no edifício, a célula e nesta, os objetos; utilizam-nos os homens, que conferem sentido à totalidade.

Os arquitetos delineiam, paralelamente, programas edilícios e padronizações construtivas. Entre as edificações aventadas estão os clubes operários – nos quais se emulam esporte, cultura e politização –, os conjuntos habitacionais, ou *casas-comuna* – com seus equipamentos: refeitório, lavanderia, creche, escola, cooperativa –, e os palácios dos sovietes, ou dos trabalhadores. A padronização, por sua vez, opera no interior destes conjuntos, buscando a otimização de cada elemento e preparando a industrialização dos componentes. Assim, as partes da célula habitacional são minudentemente analisadas e normatizadas, a partir do que são definidos os *standards* aplicáveis a diversos conjuntos. O programa, segundo o qual se reúnem em unidades as células habitacionais, se assemelha ao do mosteiro, embora despojado de ícones, de signos e de hierarquia, *taylorizado*. O padrão, que condiciona a industrialização (ou a pré-fabricação), permite a seriação na montagem, regulariza os procedimentos projetuais e também propicia a educação do usuário pela racionalização dos atos e pela rejeição à discricionariedade individualista.

Até os primeiros anos da década de 1930, os objetivos da Arquitetura (Urbanismo) construtivista na União Soviética, e das experiências habitacionais nas municipalidades socialdemocratas alemãs

– as *Siedlungs* – e na vermelha Viena – as *Höfe* – convergiam e, de modo geral, as vanguardas positivas ocidentais projetavam na URSS a potencialidade para a plena concretização de suas proposições. A colaboração dos arquitetos ocidentais com a construção socialista, iniciada em 1925 com o plano de Erich Mendelsohn para uma tecelagem próxima a Leningrado, e que levou ao projeto do *Centrosoyuz* por Le Corbusier (1929-1931), consolida-se com a mudança para Moscou de Ernst May, Mart Stam e Hannes Meyer, entre outros. Tanto na Alemanha como na União Soviética, durante os anos de 1920, pesquisa-se intensivamente a exata morfologia para o máximo aproveitamento dos espaços na habitação – considerando-se a acessibilidade, a aeração e a insolação[35] –, a padronização dos elementos estruturais e vedantes, a estandardização da construção, o agenciamento de células nos blocos e destes nas quadras e a incorporação de serviços coletivos nos conjuntos habitacionais. Embora a construção do modo de vida e a consolidação do socialismo fossem questões mais candentes para os soviéticos, questões como habitação mínima ou *ração habitacional* —temário do II C.I.A.M. (*Congrès Internationaux d'Architecture Moderne*), ocorrido em Frankfurt em 1929 e organizado por Ernst May[36] – e os métodos racionais de construção – aventados no III C.I.A.M., realizado em Bruxelas em 1930 – transitam por todo o *Movimento Moderno*. Reiterando a convergência de interesses, o IV C.I.A.M. estava programado para Moscou, no verão de 1932, e tematizaria a *cidade funcional*, sancionando, de certo modo, como *modernas* as teses postuladas pelos arquitetos soviéticos. No entanto, o júri do Concurso Internacional para o Palácio dos Sovietes de Moscou, tendo preterido as propostas modernas, no calão da época, *racionalistas, funcionalistas* etc. – a maior parte dos 160 projetos apresentados –, em favor de uma alternativa acadêmica e monumentalista, provoca a irritada indignação dos dirigentes do C.I.A.M., e, desse modo, inviabiliza o convite moscovita. Assim, o IV C.I.A.M. singrará de Marselha a Atenas a bordo do vapor *Patris II*, enquanto Boris Yofan, o laureado no concurso, desenvolve em seu projeto uma torre telescópica de ordens sobrepostas como plataforma para a elevação de uma estátua de Lênin de cem metros de altura. Observa Anatole Kopp:

> Veremos que a versão definitiva do Palácio dos Sovietes dos anos de 1930 será, também ela, bem mais uma tentativa de expressar a idéia do triunfo do socialismo que um conjunto de locais destinados a facilitar o funcionamento das instituições que abriga. Nesse sentido, há uma continuidade entre a "Torre de Tátlin" e o Palácio dos Sovietes. A diferença essencial está em que Tátlin procurava exprimir a idéia revolucionária

---

35. A. Klein, *Vivienda mínima: 1906-1957*.
36. C. Aymonino, *La Vivienda Racional: Ponencias de los Congresos C.I.A.M.*

através de formas não figurativas, enquanto os autores (Yofan, Schuko e Gelhrejk) valiam-se do simbolismo mais rasteiro e óbvio[37].

Relegando-se a um tempo ulterior o atendimento das aspirações do consumo, entende-se privilegiar as bases da produção. A Gosplan (Comissão Estatal de Planejamento), técnica, e o VSNKH (Conselho Superior de Economia Nacional), *bolchevique*, levantam juntos dados e elaboram planos separados para a economia soviética. Firmando, no entanto, a autoridade, o Soviete Supremo determina a priorização dos investimentos na indústria pesada e da coletivização nos campos. São implantados os *kombinati*, nos quais a disponibilidade energética, a rede de transportes e a infra-estrutura de serviços em dadas condições geográficas favorecem a disposição de maior rendimento para os núcleos de exploração intensiva e de processamento dos recursos naturais. Magnitogorsk é exemplo desta estratégia: para a construção desta cidade –, junto às jazidas ferrosas nas vertentes orientais dos Urais –, vários arquitetos soviéticos, como Nikolaï Ladóvsky, Sokolov, Ivan Leonídov e o grupo OSA e o grupo Vopra (Associação de Arquitetos Proletários), entre outros, apresentam propostas, mas os dirigentes preferem delegar o projeto à experiência de Ernst May, comandante de uma *brigada* de especialistas que já enfrentara o projeto de mais de sessenta cidades novas, além dos trinta planos de intervenção em cidades existentes. May, a partir de 1930, apresenta diversas variantes de agenciamento do complexo industrial e dos blocos lineares residenciais; e, em 1933 –, quando se explicita a ruptura da Arquitetura oficial soviética, ou seja, de toda Arquitetura soviética, com os programas defendidos pelo *Movimento Moderno*, especialmente por meio de suas instituições, como os C.I.A.M.–, suas alternativas são descartadas em favor de um desenho urbano que aproxima habitação e indústria, distribuindo-as segundo um traçado convencional, axial-reticular, de quarteirões.

Lênin sempre guardou distância das especulações vanguardeiras e, assimilando o legado da cultura burguesa, propôs firmá-lo como a base a partir da qual seria lançada a nova cultura[38]. Leon Trotsky[39], por sua vez, tendo acusado de contradição nos termos a conjunção "cultura proletária" – pois o hiato temporal de sua *ditadura*, por sua brevidade, não seria suficiente para que o proletariado consolidasse uma cultura própria –, e propugnado pelo caráter necessariamente internacional da Revolução, é desaparecido no México, enquanto,

---

37. A. Kopp, *Architecture de la Période Stalinienne*, pp. 239-240.
38. V. I. Lênin, "La Cultura Proletária - Proyecto de Resolución", em *Obras Escogidas* (tomo 3), pp. 493-494.
39. "O proletariado tomou o poder precisamente para acabar com a cultura de classe e abrir o caminho à cultura da humanidade". L. Trotski, "A Cultura e a Arte Proletárias", em *Literatura e Revolução*, p.162.

avocando os epítetos de *proletária* e *nacional*, impunha-se na União Soviética uma Arte oficial.

Enquanto na Alemanha dos nazistas a Arte das Vanguardas é apodada de *degenerada* e *bolchevique*, na URSS, os construtivistas, que haviam sido denunciados como "incompreensíveis pelas massas", agora são acusados de incompreendê-las e anatemizados por seu *formalismo burguês*. Em 22 de abril de 1932, o C.C. do P.C., considerando a *ameaça social* que constitui a proliferação de grupos e associações, dissolve-os e institui, como organização unitária, a Federação dos Arquitetos Soviéticos, que edita a revista *Arquitetura SSSR*. No número inaugural desse periódico, é divulgada uma declaração de princípios na qual, entre outros pontos, salienta-se: "A Arquitetura primitiva 'de caixas' é a conseqüência de um princípio equivocado que descuida da expressão artística e reduz a Arquitetura a seus elementos técnicos e funcionais. É preciso desenvolver 'a luta por uma Arte arquitetônica'"[40].

Na Federação, o anterior grupo Vopra, – renitente adversário dos vanguardistas e trincheira para antigos redutos remanescentes das Academias do Tsar –, é hegemônico. Assim, oficializam-se os parâmetros de um *Realismo*, adjetivado de *Socialista*, que orientam, por várias décadas, a produção artística nos Estados sob o domínio ou a influência dos soviéticos. Antes, Oktiarb (outubro), associação que contou em suas fileiras com os irmãos Vêsnin, Guinsburg e Gan, além do cineasta Serguei Eisenstein e do pintor mexicano Diego Rivera entre seus fundadores, é instada a "reconhecer seus erros", admitindo: a "herança cultural" (da burguesia), "criticamente"; aceitam também a Arte de cavalete, "no interesse ideológico da revolução proletária" e a Arte como "método de conhecimento da realidade mediante imagens"; reconhecem, outrossim, o risco, para os jovens artistas, do *estilo construtivista*; e, ainda, consentem com a formação de um "estilo artístico proletário na época da revolução proletária". "Faremos todo o possível para superar nossos erros, trabalhando com toda sinceridade e com a dedicação digna de autênticos bolcheviques e jovens do Komsomol"[41].

Quando a questão do *estilo*, ainda que apodado *proletário*, é novamente aventada e se concorda em tornar a conceber a Arte como um "método de conhecimento mediante imagens"[42], encerra-se o ho-

40. Apud H. Schmidt, "Las Relaciones Entre la Arquitectura Soviética y la de los Países Occidentales Entre 1918 y 1932", em AA. VV., op. cit. idem, ibidem, p. 265.
41. Oktiarb, "Oktiarb Reconoce Sus Errores", p. 188.
42. "Não existe Arte sem imagens". "A Arte é o pensamento em imagens". "Em nome destas definições, tentou-se compreender a Música, a Arquitetura, a Poesia lírica como um pensamento por imagens e chegou-se a monstruosas deformações". V. Sklovski (Chklóvski), "El Arte como Procedimiento", em B. M. Eikhenbaum, V. Sklovski e Y. Tinianov, op. cit., p. 88.

rizonte do *Mundo Novo* cujo advento fora ardentemente desejado e desenhado por formalistas e construtivistas. Os que outrora marcaram seu andamento pela marcha revolucionária das massas agora são intimidados a ceder lugar a outros cuja perspectiva é focada no descortino das virtudes do trabalho e na celebração dos méritos de dirigentes e heróis do socialismo. É então palavra de ordem dos sequazes de Josef Stálin: "alcançar e superar no plano técnico-econômico os países capitalistas", visando a preparação dos soviéticos para as guerras, quente e fria, que se sucederão. Um pouco antes de sua derradeira, bem sucedida, tentativa de suicídio, em 1930, o poeta Maiakóvski ainda bradava "A Plenos Pulmões":

> Dialética,
>   não aprendemos com Hegel.
> Invadiu-nos os versos
>   ao fragor das batalhas,
> quando,
>   sob nosso projétil,
> debandava o burguês
>   que antes nos debandara.
> Que essa viúva desolada,
>   – glória –
> se arraste
>   após os gênios,
>   merencória.
> Morre,
>   meu verso,
>   como um soldado
> anônimo
>   na lufada do assalto[43].

---

43. V. Maiakóvski, "A Plenos Pulmões", trad. de Haroldo de Campos, em op.cit., pp. 287-296.

7. Certas Luzes

> *A Arquitetura é uma arte pela qual são satisfeitas as mais importantes necessidades da vida social. Todos os monumentos sobre a Terra, próprios aos estabelecimentos humanos, foram criados por meio desta Arte benfeitora. Ela educa nossos sentidos por todas as impressões que nos comunica. Através dos monumentos úteis, oferece-nos a imagem do bem-estar; pelos monumentos agradáveis, apresenta-nos os prazeres da vida; inebria-nos de glória por meio dos monumentos que lhe dedica; ela leva o homem às idéias morais através monumentos funerários e, pelos que ela consagra à piedade, eleva nossa alma à contemplação do Criador.[1]*

Em meados do século XVIII, a remissão a um imaginário *estado de natureza* – imagem especular, reflexa e inversa, das concessões e compromissos consolidados na convivência social – contribui para a intensificação de desejos de retroação à inocência de uma origem, que, como a postulada por Rousseau, não é a arqueológica – que pela antropologia e pela paleontologia se procura restabelecer – nem a mítica – como se conta no *Gênesis* ou se canta na *Teogonia* –, mas aquela, especulativa, que Jean-Jacques desvela recôndita apenas em si próprio. Tal *estado de natureza*, portanto, não pode ser restaurado nem empírica nem experimentalmente, e é asseverando haver se desapossado de arraigamentos, hábitos, costumes, que Rousseau assegura

---

1. E.-L. Boullée, *Architecture. Essai sur l'art*, pp. 32-33.

ter desocultado em si mesmo a latência desta *natureza* esmaecida, pois acobertada.

De onde o pintor e apologista da Natureza, hoje tão desfigurada e caluniada, pôde tirar seu modelo, senão de seu próprio coração? Descreveu-a como ele próprio se sentia. Os prejulgamentos a que não estava subjugado, as paixões factícias de que não era presa não ofuscaram a seus olhos, como aos dos outros, esses primeiros traços tão geralmente esquecidos ou ignorados[2].

Os epígonos do rousseauismo associam a generalização e o refinamento daquilo que se chama *civilização*, bem como do policiamento social, à progressiva conspurcação dos costumes. Com o recrudescimento do convencionalismo nas relações humanas e nas representações, repropõem-se hipóstases de certa originalidade ideal na qual viçara ainda a integridade virtuosa. O reportar a um retórico *estado de natureza* – alicerçado em verossímil conjectura, não na veracidade incomprovável – tem, em Rousseau, o duplo desiderato de, por um lado, acusar, por contraste, a deliqüescência do estado presente e, por outro, a partir desta origem restituída, constituir conspícuos, verazes, porquanto naturais, princípios de uma possível sociabilidade regenerada, translúcida, na qual as aparências não conspirassem no ludíbrio e na mistificação.

Como seria doce viver entre nós, se a contenção exterior fosse sempre a imagem das disposições do coração, se a decência fosse a virtude, se nossas máximas nos servissem de regra, se a verdadeira Filosofia fosse inseparável do título de filósofo![3]

Rousseau reporta a um pretérito ideado, em que a dominância do preconcebimento e da astúcia não havia ainda estabelecido o império da dissimulação e do logro, o qual, firmado como referência, projeta um horizonte de transparência restaurada. Entende ele que a civilização fratura os liames entre cultura e *natura*, aprofundando, em seu desencadear, esta cissura, embora ainda se alentem alentos reconciliatórios. Para o Genebrino, trata-se de compactuar nova socialidade, vertebrando-a a partir do que pretende ser seu único fundamento válido, a naturalidade imanente. Não se vê, contudo, em Rousseau, apenas a revivescência elegíaca da ingenuidade e da frugalidade originárias, mas, sobretudo, o empenho em concorrer para a reforma das instituições e costumes, que, então – não mais embasadas em pretensas prerrogativas ancestrais, na autoridade da *revelação* ou de outras formas epifânicas –, consubstanciam-se na valência de uma gênese que, embora obumbrada, quase olvidada, é, ainda, a legitimidade de

2. J.-J. Rousseau, "Dialogues III", apud J. Starobinski, "Rousseau et la recherche des origines", em *Jean-Jacques Rousseau: la transparence et l'obstacle; Suivi de sept essais sur Rousseau*, pp. 324-325.
3. J.-J. Rousseau, "Discours sur les sciences et les arts", em *Œuvres complètes*, p. 4.

um recomeço redimido. Entretanto, sua reserva em relação às formas da *civilização* o opõe às posições de um Voltaire, de um Diderot, ou de um d'Alembert[4], que a acatam de bom grado, com seus requintes e sua urbanidade, como resultado de penoso processo histórico de enfrentamento às mistificações. Para estes, o progresso dos conhecimentos potencia a aspirada consolidação do *secular*, informado pela Ciência, pelo qual os povos esclarecidos podem, enfim, superar as superstições interessadas, operantes na perpetuação de dominações e explorações.

Para as agremiações de letrados da *Ilustração*, a consignação exclusiva às faculdades do Entendimento da elaboração dos conhecimentos *distintos* – relegando a Sensibilidade e a Intuição ao território do *conhecimento confuso*, e as questões atinentes à fé e à revelação, ao foro íntimo e à especificidade disciplinar da Teologia –, subordina-se a um finalismo político. O pensamento esclarecido confia na positividade da Ciência que, tomando por norma só abonar o evidente por si mesmo, o demonstrável a partir do conhecido ou o aferível pela experiência, atesta a vanidade das crendices que assombram os homens, conservando-os supersticiosos no temor e na submissão. Com o tempo, malgrado os refugos e recuos, o objetivo almejado na *Ilustração* para o conhecimento foi, ao menos em parte, alcançado, e as doutrinas teocráticas que legitimavam o estabelecido foram gradativa, ou raivosamente, sucedidas por outras que se asseguram convalidadas pelo saber laico da Ciência.

Nas *Luzes*, sendo acatado o axioma da uniformidade da Razão, que atribui um conjunto de disposições e habilitações como comuns à espécie humana, explicita-se a co-substancialidade, no homem, entre *Razão* e *Natureza*. No século XVIII, assinala Jean Starobinski, quem alega estar com a razão, apela para o testemunho da Natureza, afiançando estar por *ela* caucionado[5]. Contudo, segundo o Rousseau do *Discurso sobre as Ciências e as Artes*, o advento da desigualdade entre os homens, abolindo o *estado de natureza*, gera a riqueza, e a correlata pobreza; e o luxo e o ócio dos ricos gestam respectivamente as Artes e as Ciências[6]. A expansão destas concorre para que a cultura se distancie da instintividade e da intuitividade naturais e, reciprocamente, hipertrofie-se a cerebralidade, degenerada nas especiosidades de simbolizações, alegorias e convenções. No outro extremo das

---

4. J. Le Rond D'Alembert, "Discours préliminaire des editeurs", em J. Le Rond D' Alembert; D. Diderot et alii., *Enciclopédia ou Dicionário Raciocinado das Ciências, das Artes e dos Ofícios*, p. 84.
5. "Qui veut se donner raison au XVIIIe siècle, invoque la Nature, met la Nature de son côté..." J. Starobinski, *L'invention de la liberté: 1700-1789*, p.115.
6. "Eis como apresentaria essa genealogia. A primeira fonte do mal é a desigualdade: da desigualdade saíram as riquezas, uma vez que as palavras rico e pobre são relativas e em todas as partes em que homens forem iguais não haverá ricos nem pobres. Das riquezas nasceram o luxo e a ociosidade; do luxo nasceram as Belas-Artes e, da ociosidade, as Ciências". J.-J. Rousseau, "Resposta ao Rei da Polônia", em *Obras Seletas*, p. 386.

Luzes, no entanto, sendo a Razão intrínseca à natureza humana, não pode desta apartar-se: os males e perversões sociais decorreriam da intrusão da *sem razão*, fanática e idólatra. Neste pólo, reputar a universalidade da Razão é também imputar a inanidade das fabulações da superstição aluindo-se, assim, os hábitos, segregações e privilégios que nelas se amparam.

> Afirma Goya: quando a Razão devaneia, seus sonhos engendram monstros. O grande sonho que se exalta a partir dos conhecimentos esboçados pelas leis da Natureza, convida, alternadamente, a reproduzir a origem da vida, e a pressagiar o encerramento dos tempos: criar artificialmente uma vida que se inicia, ou desenhar os planos de uma felicidade futura. A antropogênese e a utopia[7].

Poder-se-ia outrossim aduzir que, freqüentemente, a antropogênese e a utopia se recobrem e se amalgamam, projetando para a ulterioridade ficcionalmente construída, idealizações da *gênese*. É recorrente, desde meados do século XVIII, uma imagem prospectiva, que resgata algo que se teria esvaído no próprio advento do gênero humano: Adão e Eva, metáforas, são expulsos dessa nova origem, na qual, por sinédoque, advertem-se paradigmas para uma preclara ordenação societária, eugenésica.

O século XVIII combate o *esprit de système*, que caracteriza o século precedente, mas não suprime o progresso do *esprit systématique*. A própria empresa enciclopédica se constitui em ordem de conhecimentos, como *corpus* consistente e articulado. Nele, cada disciplina, Ciência, Arte ou técnica tem preservada seus pressupostos, seus preceitos e sua autarcia; simultaneamente, porém, deve conciliar-se também com as demais, pois em tudo há de haver o império da Razão. A estrutura da *Encyclopédie* é a de uma "árvore das Ciências, sistema figurado dos conhecimentos humanos"[8], no qual mesmo a História Sagrada e a Teologia, encontram seu lugar. Diz Denis Diderot:

> Eu disse que só a um século filosófico pertencia tentar uma Enciclopédia; e o disse por que essa obra obriga sempre mais ousadia que a que comumente há nos séculos pusilânimes do gosto. É preciso tudo examinar, tudo revolver sem exceção nem deferência. [...] Era necessário um tempo raciocinante, no qual não mais se procurasse as regras nos autores, mas na Natureza, e no qual se sentisse a falsidade e a verdade de tantas poéticas arbitrárias[9].

No que tange às técnicas, os enciclopedistas se esmeram em mostrar, com escritos e imagens, o funcionamento de ferramentas, instrumentos e maquinarias empregados nos processos manufatu-

---

7. J. Starobinski, *L'invention de la liberté*, op.cit., p. 207.
8. J. Le Rond D'Alembert, op. cit.
9. D. Diderot, verbete "Encyclopédie", em J. Le Rond D'Alembert; D. Diderot et alii., *Encyclopédie ou dictionnaire raisonné des sciences, des arts & des métiers*, p. 394.

reiros e fabris, desautorizando, assim, os ancestrais dos segredos de ofício e desauratizando o esoterismo neles implicado. Do mesmo modo como então se contestam a legitimidade do alegado *direito divino* real, a hegemonia hereditária da aristocracia e a ingerência do clero nos assuntos seculares também são questionados os privilégios das guildas e os monopólios dos ofícios. A estratégia enciclopedista visa, a um só tempo, diversos alvos: controverte o alvedrio da autoridade; desmistifica o hermetismo sectário; concita a atenção do leitor, julgando-o liminarmente habilitado à compreensão daquilo que for clara e ordenadamente exposto; faculta a prática profissional à inclinação, ao tirocínio e ao interesse, ao invés de conservá-la restrita às tradições locais ou familiares; e, finalmente, abre caminho para a expansão industrial, ao propagar o conhecer exotérico, apropriável por quem nele se empenhar. Assim, refutando quaisquer sistemas de apanágios e exclusões – estamentais, corporativas – o conhecimento é consignado em bem público: assinala-se que sua reprodução ampliada e sua livre circulação constituem conspícua conquista civilizatória.

A inteligência confiante do século XVIII denuncia a falácia de dogmas e doutrinas caducas, e, ao mesmo tempo, apresenta a alternativa, atribuída ao factível, da fundamentação na universalidade da Razão e nas disposições da Natureza, de *outra* ordenação política e social. Por esta, os homens, liberando-se do jugo dos desígnios insondáveis da autoridade, organizar-se-iam segundo a contratação de princípios comumente entendidos e anuídos. Acusando a arbitrariedade da ordem estabelecida, elucida-se a opacidade nas relações humanas: este seria, para os *philosophes*, o superior préstimo e o valor moral das luzes da Ciência. O século das *Luzes*, esclarece Starobinski em luminar livro[10], *inventou* a liberdade, que faculta, quer a libertinagem, quer o livre pensamento. E o próprio *homem*, abstratamente concebido e constituído como objeto específico das então nascentes Ciências Humanas, afirma Michel Foucault[11], é imaginado em fins daquela centúria. Em meio a manifesta decrepitude das instituições, e dos valores que as avalizavam, o século *raciocinante* efetua a crítica aos costumes (*mœurs*), reivindicando a urgência de tempos razoáveis: "Pois é manifestamente contra a Lei da Natureza, seja como for que a definamos, que uma criança dirija um velho, que um imbecil conduza um sábio, e que um punhado de pessoas regurgite superfluidades enquanto que à multidão faminta falta o necessário"[12].

---

10. J. Starobinski, *L'invention de la liberté*, op. cit.
11. M. Foucault, *Les Mots et les Choses*, p. 356.
12. J.-J. Rousseau, *Discours sur l'origine et les fondements de l'inégalité parmi les hommes*, p. 145.

A *Encyclopédie*, em sua edição genebrina de 1777, assimila a coeva estética germânica, incorporando ao verbete "Architecture" o artigo "Architecture (Beaux-Arts)" de J. G. Sulzer, extraído de sua *Teoria Geral das Belas-Artes*, no qual se explicita:

> A essência da Arquitetura, considerando-se esta Arte como uma produção do gênio dirigida pelo bom gosto, consiste em dar aos edifícios toda a perfeição sensível, ou estética, que sua destinação comporta. Perfeição, ordem, conveniência na distribuição interior; beleza na figura, caráter adequado, regularidade, proporção, bom gosto nos ornamentos no interior e no exterior; eis o que o arquiteto deve dispor em todas as edificações que deseje construir[13].

No procedimento projetivo está implícita a hierarquia de partes principais e subordinadas. Pela destinação, observada a precedência da substância em relação ao acidente, também se subordina ao uso, o prazer. Dá-se, no todo, a cada parte, a posição e a dimensão que seu uso exige, entendendo-se que a edificação, sendo cômoda, isto é, atendendo aos requisitos da utilidade, determine-se pelas normas de seu gênero. O projeto, assim, compromete-se, simultaneamente, com as demandas do útil e do prazeroso:

> Que a forma praza aos olhos e que não haja parte alguma, mesmo o pequeno pormenor, que não seja precisamente tal como seu uso imponha; que se veja reinar na obra inteira a inteligência, a reflexão e o bom gosto; que não se perceba nada de inútil, de indeciso, de confuso ou de contraditório; que o olho, tomado pela forma graciosa do conjunto, seja dirigido de início para as partes principais, que distingue sem dificuldade, e, depois de havê-las considerado com prazer, detenha-se nas partes de detalhe, nas quais o uso, a necessidade e a justa relação com o todo, se façam sentir com facilidade[14].

As doutrinas iluministas postulam que, como as Ciências, as Artes se ilustrem pela Razão, a qual, não ofuscando o gosto, ou a Sensibilidade, os elucida. As *Luzes* operam os limites da Razão: combatendo as crenças, rechaçam a intrusão da *hýbris* das mistificações religiosas, disseminadoras de trevas. Correlatamente, resguardando as fronteiras próprias, a Razão preserva também os territórios das demais faculdades do Entendimento e as propriedades dos sentidos. As Artes se enquadram pelos gêneros, que prescrevem regras – *preceptivas* –, e, afetas à Sensibilidade, ordenam que em tudo opere inteligência. O olho é conduzido para a percepção, no todo, da precedência do principal e, na seqüência, para a apreensão de pormenores, pelos quais se evidencia a composição, a um tempo, como utilidade e, decorosa, como desfrute e comoção, assim, ornamento. Deleita-se a Razão na Sensibilidade, pois, complementares, não se contraditam: o que seja informe, inconsistente

---

13. J. G. Sulzer, "Architecture (Beaux-Arts)", em verbete "Architecture", em J. Le Rond d'Alembert, D. Diderot et alii., *Encyclopédie ou Dictionnaire Raisonné des Sciences, des Arts & des Métiers*, p. 256.

14. Idem, ibidem, p. 256.

ou vacilante desagrada a ambas. Não é próprio à Sensibilidade a contemplação com o abusivo, exorbitante ou redundante, com o que se qualifica então *borrominesco*, pelo qual a Razão é assombrada.

A polidez do gosto é o apuro da estesia: pela moderação, coíbem-se os excessos da copiosidade e a variedade evita a monotonia: o decoro (*bienséance*) prescreve os ornatos. O gosto discerne – a atenção e a comparação constatam a conveniência dos elementos, portanto, sua conjugação diversamente ponderada –, propiciando, por exemplo, uma disposição serena, que considera preferências e costumes. O gosto se referencia por normativas que conjuram o arbítrio, enquanto indicam aos sentidos – educados pelo Entendimento –, o sentido da obra. Nas Artes, a perfeição está em que, agradando-se e comovendo-se, instruise, persuadindo-se a alma com idéias nobres, que edificam.

É recorrente, mas não consensual, no século XVIII, o assinalar que a Arquitetura, como todas as Artes, imita a Natureza, contudo, discute-se o significado do imitar e o que apreender da Natureza. A imitação, não sendo cópia simiesca dos acidentes naturais, inscreve-se numa retórica da elocução, pois *imitatio* implica *electio*: produz-se o característico, o invariável, segundo a regra. Pela *mimesis* o artista produz em acordo com a legalidade intrínseca do imitado, a Natureza. Esta, por sua vez, eleita segundo suas perfeições, é *bela natureza*. Pelas preceptivas, postula-se a similitude do venusto na Arte e na Natureza: é prescrição vetusta que, conjugando em unidade as excelências dispersas, o artífice põe em paralelo Natureza e Arte e emula a criação divina. Sendo, a beleza, objeto de apreciação do gosto, este seleciona da Natureza seus primores, o *característico*, e os dispõe segundo as regras particulares dos discursos das Artes. Tidas como as Artes mais abstratas, as matemáticas da Arquitetura e da Música concertam em proporções e ritmos a formatividade natural.

É coetânea da elaboração dos volumes iniciais da *Encyclopédie* e da publicação do *Primeiro Discurso* de Jean-Jacques Rousseau (visando as Ciências e as Artes), a investida contra os abusos do que veio a ser rotulado *barroquismo*, ou da proliferação nacarina do que se apodou *rocalha*. Em 1753, vem a lume o *Ensaio Sobre a Arquitetura*, de autoria do abade Marc-Antoine Laugier, no qual se encomia os gregos – "nação privilegiada, a que estava reservado nada ignorar nas Ciências e tudo imaginar nas Artes"[15] – e se apologiza a concórdia das jurisdições do Entendimento, que reclama por ordem, e da Sensibilidade, que requer variedade. A avisada conjugação de tais virtudes faculta às Artes, solidariamente, seduzir, educar e conduzir. Assim, por estorvar a inteligibilidade da obra, o iludente, o especioso – o arbitrário – não se coaduna com a Arquitetura, que se espelha na Natureza e, postulando a beleza, que se compreende, persuade:

---

15. M.-A. Laugier, *Essai sur l'architecture*, p. 3.

1º. A coluna deve ser exatamente perpendicular, pois, sendo destinada a suportar toda a carga, é o perfeito prumo que lhe dá a maior força; 2º. A coluna deve estar isolada, para exprimir mais naturalmente sua origem e destinação; 3º. A coluna deve ser redonda, pois a Natureza nada faz quadrado; 4º. A coluna deve ter seu estreitamento do baixo ao alto, para imitar a Natureza que dá esta diminuição a todas as plantas; 5º. A coluna deve apoiar-se imediatamente no pavimento, como os pilares da cabana rústica apóiam-se imediatamente no terreno. Todas estas regras se encontram justificadas em nosso modelo. É preciso ver como defeito tudo que dele se afaste sem uma verdadeira necessidade[16].

O modelo é a cabana primitiva – em cuja construção, o homem se vale da Natureza para, mediante reflexão, prover sua carência – da qual os gregos arrancaram para, com *sophía*, atingir o insuperável na Arte. A cabana primigênia que Laugier, seguindo Vitrúvio, tematiza, sendo – como o *estado de natureza* de Rousseau –, nocionalmente primitiva, remete ao conjectural, "sobre o qual se tem, no entanto, a necessidade de possuir noções exatas para bem julgar nosso estado presente"[17]. Recuperando o princípio, *gênese*, para nele desvelar os princípios, Laugier esconjura, por *degenerados*, áticos, pedestais, nichos ediculares etc., pois inexistem na cabana elementar erigida, singela, com pilares (colunas), vigas (entablamentos) e tesoura de cobertura (frontão). A coluna é memento do tronco e – vertical, exenta e, arrancando das raízes, sutilmente tronco-cônica – nele se contempla, testemunhando a originariedade na qual se legitima. As colunas adossadas e as pilastras, bem como as colunas caneladas, rombóides, torsas, salomônicas e os pilares góticos, enervados em colunetas, conspurcam a pureza portante da coluna, devendo, portanto, ser proscritas, pois é com a medida da perfeita conveniência à utilidade que se consuma a suma pulcritude. O que confunde ou obnubila a Razão não é consentâneo com o gosto, que, embora varie com os costumes e os hábitos, sempre preserva, perenes, *belezas essenciais*. Arrola Laugier:

Concluí:
1º. na Arquitetura, há belezas essenciais, independentes dos hábitos dos sentidos, ou das convenções humanas;

2º. a composição de uma peça de Arquitetura é, como todas as obras do espírito, suscetível de frialdade e de vivacidade, de justeza e de desordem;

3º. deve haver para esta Arte, como para todas as outras, um talento que não se adquire, uma porção de gênio que a Natureza dá; e que este talento, este gênio, tem necessidade de ser sujeitado e cativado pelas leis[18].

O Abade, diferenciando as belezas, *absolutas* e *arbitrárias*[19], reverencia Claude Perrault enquanto, ao apontar no talento, o dom,

---

16. Idem, ibidem, p. 13.
17. J.-J. Rousseau, pp. 60-61.
18. M.-A. Laugier, "Preface", em op. cit., p. XL.
19. "Neste ponto Perrault introduz uns critérios que marcaram a discussão sobre a Arquitetura desde então. Há uma beleza absoluta, convincente, mecânica (por assim di-

natureza – que, obviamente, não o desobriga da obediência às leis permanentes, que, outrossim dela extraídas, regem as Artes –, reitera *topoi* antigos. Contudo, afasta-se das teses de Perrault ao afirmar que está na afinidade com a Natureza e não na fantasia[20], ainda que condicionada pela autoridade das regras, a matriz do belo. A mimese do natural, para as Artes no século XVIII, não está no que macaqueia o aparente, mas naquilo que, sendo produzido em consonância com uma nomologia necessária, é conforme ao uso e à destinação.

O suceder-se dos acidentes na Natureza apresenta transformação inexaurível, que afeta os sentidos, enquanto o Entendimento preclaro – que observa, reflete e verifica – conhece a Natureza como sempre idêntica, porquanto identifica que de análogas conjunções causais procedem invariavelmente similares efeitos. A efemeridade da empiria oculta a perenidade que a atenção reflexiva revela na Natureza. Destarte, sendo a imitação, nas *Luzes*, apreensão da legalidade inerente à Natureza, as regras das Artes se prescrevem à semelhança desta regularidade. A cabana é evocada, não devido à sua antiguidade, mas por sua naturalidade e, como é pressuposta a homologia de Natureza e Razão, sua racionalidade. A Arquitetura, alega-se, quando se extravia da gênese, degenera em arbítrio e se corrompe no artificioso.

Laugier, atribuindo ao *Rocaille*, abuso, e ao Gótico, falta de gosto, opõe-se a quem arremeda este ou executa aquele, entretanto, prezando a variedade do natural, não advoga o despojamento asséptico de neoclassicismos professados no século XIX:

> De tempos em tempos, abandonemos a simetria, para nos lançar no bizarro e no singular; misturemos agradavelmente o macio com o duro, o delicado com o contundente, o nobre com o rústico, sem jamais nos afastar do verdadeiro e do natural. Parece-me que assim pode-se espalhar pelos diversos edifícios de uma cidade aquela amável variedade e aquela tocante harmonia que são o encanto da decoração[21].

Le Corbusier, ao avocar um Urbanismo consoante com o *Esprit Nouveau*, – embora se equivoque quanto ao monarca (malgrado a sua admiração por Colbert, empreendedor, era o XV, e não o XIV, o Luís

---

zer) e inevitável; mas também há uma beleza arbitrária, que depende da predisposição (*préjugé*). Não devemos desprezar esta predisposição, pois ela é (citando C. Perrault. *Ordonnance des cinq espèces de colonnes, selon la méthode des anciens*, p. vii.) 'o fundamento natural da fé, já que apenas seu efeito nos inclina a não duvidar do conhecimento e a boa opinião que temos de alguém quando ele nos assegura algo, ainda que disso nada saibamos; é também ela a que nos faz gostar das coisas de moda, e as maneiras de falar que a moda fixou na corte'". J. Rykwert, *Los Primeros Modernos: los Arquitectos del Siglo* XVII, p. 42.

20. C. Perrault, *Les dix livres d'architecture de vitruve*, p. I.
21. M.-A. Laugier, op. cit., pp. 229-230.

reinante em 1765, quando se publicaram as *Observações sobre a Arquitetura*[22]) –, abebera-se da (des) leitura das teorias de Laugier:

> Se uma medida comum ordenasse todas essas células cosmopolitas, a desordem seria conjurada, o espetáculo se organizaria, viria a calma.
> Se pudesse haver unidade no detalhe, o espírito liberto consideraria, com vivo interesse, o grandioso arranjo do conjunto.
> Eis, formulada, uma conclusão ideal, precisa. Já sob Luís XIV, o abade Laugier havia enunciado:
> 1º O caos[23], o tumulto no conjunto
> (Isto é, uma composição rica de elementos em contraponto, fuga, sinfonia.);
> 2º A uniformidade no detalhe.
> (Isto é, a contenção, a decência, o "alinhamento" no detalhe)[24].

Le Corbusier, que alardeia nunca haver tido outro mestre senão o passado, nem outra formação, senão seu diligente estudo[25], cioso da validade de seus argumentos, compila (e pilha) exemplos pretéritos oportunos – do Partenon e de Santa Sofia à Cartuxa de Ema – que referendem e avalizem as suas proposições, pois quer fazer crer que as suas propostas para a cidade e a habitação aferem legitimidade do permanente do homem. Dos romanos, Le Corbusier postula recuperar o engenho construtivo – termas, aquedutos –, dos arquitetos da *Ilustração*, a clareza – ordem, geometria –, mas perverte-os, ao não observar as preceptivas dos gêneros. As luzes vanguardistas, na ignorância dos *gêneros*, cintilam com brilhos distintos dos que fulgiram no século XVIII.

No mesmo ano em que se publica o ensaio de Laugier, o discípulo do também abade Carlo Lodoli, Francesco Algarotti, retira do prelo seu *Ensaio Sobre a Arquitetura*, no qual panegiriza seu mestre, que, – como um Sócrates da Arquitetura, Lodoli também nada publicou –, tendo por escopo "submeter tudo ao mais rigoroso exame da Razão"[26], adverte:

22. "Quiconque sçait bien dessiner un parc, tracera sans peine le plan en conformité duquel une Ville doit être bâtie relativement à son étendue & à sa situation. Il faut des places, des carrefours, des rues. Il faut de la regularité & de la bizarrerie, des rapports & des oppositions, des accidens qui varient le tableau, *un grand ordre* dans les détails, de la confusion, *du fracas*, du tumulte dans l'ensemble". M.-A. Laugier, *Observations sur l'architecture*, pp. 312-313.

23. Le Corbusier não cita corretamente: como se pode ver na nota acima, Laugier não usa o termo *chaos*, mas *fracas*, e tampouco escreve, *de l'uniformité*, mas *un grand ordre* nos detalhes. O *deslize* altera substancialmente o significado da proposição de Laugier. Ao postular *estrépito, tumulto no conjunto*, Laugier não deseja o caos.

24. Le Corbusier, "Classement et choix (Décisions opportunes)", em *Urbanisme*, p. 65.

25. "On me taxe aujourd'hui de révolutionnaire. Je vais vous confesser que je n'ai jamais eu qu'un maître: le passé; qu'une formation: l'étude du passé". Le Corbusier, *Précisions sur un État Présent de l'Architecture et de l'Urbanisme*, p. 34.

26. F. Algarotti, "Saggio sopra l'architettura", em L. Grassi, *Razionalismo Architettonico*, pp. 76-77.

Em uma construção (*fabbrica*) não se veja nada que não tenha seu próprio ofício (*ufizio*) e que não seja parte da construção mesma, que o ornato resulte apenas da necessidade, e tudo aquilo que os arquitetos introduzam na obra para além do fim a que está ordenado o edifício será tão somente afetação e falsidade[27].

Os lodolianos anatemizam: templos com uma só ordem interna enquanto duas lhe ataviam a fachada; cornijas, frontões e janelas no interior dos edifícios; e, sobretudo, construções em cantaria que simulem estruturas de madeira. Lodoli censura a Vitrúvio – e a todos os que tomam por modelo a cabana primitiva sem considerar a diversidade de materiais, ramas e palhas de choça e alvenaria –, pois não convém à verdade contrafazer em tijolo ou em pedra a construção de madeira. Andrea Memmo assinala que mesmo entre os doutos não há consenso sobre a exegese da doutrina de Vitrúvio, nem sobre os exemplos gregos e romanos, e tampouco se pode extrair da própria definição da Arte ou da história da Arquitetura quaisquer aclarações úteis[28]. Cabe, pois, à Razão observadora e analítica, que aponta as incertezas das teorias, estabelecer os parâmetros de certa teoria da Arquitetura na qual a autoridade do vetusto subordina-se à do verdadeiro. Um dos aforismos prediletos de Lodoli assinala que "a verdade é mais antiga do que os antigos"[29]. Os procedimentos estruturais e os elementos da construção devem coadunar-se com as características dos materiais empregados, sua natureza. Com este axioma, é posta em questão, indiretamente, a apropriação pelos romanos da ordenação dos gregos, consentânea com uma armação adintelada, pétrea, aposta a construções de muros portantes e arcos, em alvenaria cerâmica: as colunas, esbulhadas do trabalho portante, adossam-se às paredes e os entablamentos, engastados nas alvenarias – ao invés de suportantes, suportados –, não superam vãos. Os gregos, por mais ajustados à verdade estrutural, têm autoridade. Entretanto, mais que celebrar primícias helênicas ideais, é a promíscua interpenetração de colunas, semicolunas e pilastras e o bailado rebuscado dos entablamentos, que denunciam os desbordes, hoje ditos *barrocos*, que Lodoli e seus seguidores condenam ao alvitrar pela regeneração da Arquitetura: uma nova Arquitetura, que, cônscia das razões, assim, veraz, obtém sua alforria do jugo caprichoso do arbítrio.

Não se trata – como se dará com o *funcionalismo* do século XX – da abolição do ornamento, mas do banimento do arbitrário como inútil e, deste modo, supõe-se estar seguindo o apotegma vitruviano, que preceitua nada se fazer a que não se possa dar boas razões. No século XVIII, mesmo para *rigoristas* como Lodoli, o decoro opera como razão do

---

27. F. Algarotti, "SAggio sopra l'arquitettura", em L. Grassi, op. cit., p. 9.
28. A. Memmo, "Elementi dell'architettura lodoliana, o sia l'arte del fabbricare con solidità scientifica e con eleganza non capricciosa", em L. Grassi, op. cit., p. 292.
29. J. Rykwert, *La Casa de Adán en el Paraíso*, p. 69.

ornato, enquanto este é prescrito quanto ao gênero: ainda não se consumou a confusão decimonônica de decoro e decoração. A obra, no XVIII, dignifica-se na conveniência em que sobressai a utilidade geral.

Quando Adolf Loos[30], na Viena de início do *novecentos*, investe contra o ornamento – *trabalho desperdiçado* –, não é a *conveniência*, mas – sintonizado com a didática da estética da máquina – a inconveniência de molduras, festões, guirlandas, frontões, edículas, atlantes, cariátides, hermas etc., que constringem as construções – como bem exemplificam os novos palácios erigidos ao modo *eclético* que circulam pela então recente *Ringstraße* vienense –, bem como as eflorescências serpenteadas, chicoteantes, do *Art Nouveau* secessionista, que ele visa. Assim, sendo o ornamento, nele, *delito*, não é o *ornatus* o acusado. Os disparos da vanguarda contra a decoração eclética e os historicismos, soezes a finais do século XIX, não têm por alvo o *decorum* dos séculos XVII e XVIII.

No século XX, como no XVIII, o útil deve prevalecer e, pela adequação ao uso, se consagrar a beleza. Contudo, as *Luzes* do belo – adversas à penumbra das superstições e à ofuscação das místicas –, alinham-se aos preceitos da Retórica, enquanto os prosélitos da *civilisation machiniste* postulam decorrer seus regramentos apenas da mecânica da ordem causal: a máquina – rigorosa adequação do agenciamento de formas ao fim produtivo – é, para os *modernos*, em si, bela. Assim, automóveis, aviões, edifícios e cidades – de mover, habitar e viver, máquinas –, enquanto soluções precisas de problemas corretamente propostos maquinam beleza como aderência à utilidade. A Arquitetura moderna denega como ocioso ou pernicioso tudo que seja alheio à operatividade, funcional e construtiva, da edificação. Se para os iluministas, o agradar, o comover e o instruir são sincrônicos como operativos, para os vanguardistas, construtivos, é a demonstração propedêutica que tem precedência, sendo o belo, corolário do útil. Quando Walter Gropius translada a Escola de Artes que dirige para Dessau (1926), explicita nos *Princípios da Produção da Bauhaus*:

> Um objeto se define por sua natureza.
> Para que um objeto – um recipiente, uma cadeira, uma casa – possa funcionar de maneira apropriada, antes de tudo há de se indagar pela sua natureza: há de se conformar completamente com sua finalidade, ou seja, deve cumprir de uma maneira prática suas funções, e deverá ser duradouro, econômico e "belo"[31].

Para Le Corbusier, máquina é toda conjugação causal, concebida como utilidade, visando a produzir efeitos práticos ou plásticos

---

30. A. Loos, "Ornamento y Delito", em *Ornamento y Delito y Otros Escritos*.
31. W. Gropius, "Bauhaus, Dessau: Principios de la Producción de la Bauhaus", apud H. M. Wingler, *La Bauhaus Weimar Dessau Berlin 1919-1933*, p. 131.

previamente determinados: máquinas de habitar e, pela conformação exata, também de emocionar:

> Quais são os fatores emotivos de uma Arquitetura? O que o olho vê. Que vê nosso olho? Vê as superfícies, as formas, as linhas. Trata-se, pois, de criar em todas as peças na obra arquitetônica o determinante essencial da emoção, ou seja, formas excitantes que a constituam, que a animem, que introduzam entre elas relações apreciáveis, que proporcionam as sensações.
> Está aí propriamente a invenção arquitetural: relações, ritmos, proporções, condições da emoção, máquina de emocionar[32].

A eficácia mecânica, como útil, suplementarmente deleita. O desfrute – que, genérico, libera-se das individualidades – está na precisão como harmonia, decorrente da ordem utilitária. Em Le Corbusier não opera nenhuma estética, como as do século XVIII, codificadas retoricamente:

> Que os olhos vejam: esta harmonia esta aí, função do trabalho regido pela economia e condicionado pela fatalidade da Física. Esta harmonia tem razões; não é o efeito de caprichos, mas o de uma construção lógica e coerente com o mundo ambiente. As criações da técnica mecanicista são organismos que tendem à pureza e se submetem às mesmas regras evolutivas que os objetos naturais que suscitam nossa admiração. A harmonia está nas obras que saem da oficina ou da usina. Isto não é Arte, não é a Sistina, nem o Erecteion; são as obras cotidianas de todo um universo que trabalha com consciência, inteligência, precisão, com imaginação, ousadia e rigor[33].

No século XVIII distinguem-se as noções de *tipo* e de *modelo*: enquanto o modelo é considerado o completo a ser repetido, o tipo, constituído historicamente, é tido como um conjunto de constantes aplicáveis a composições diversas. O templo helênico retangular, por exemplo, pode ser modulado segundo as ordens do elenco – conforme a divindade a que se consagra –, pode ter variado o número de colunas – desde que este número seja par – em sua elevação frontal, pode ser dotado de peristilo simples ou duplo, pode ter diversas disposições em sua cela etc., mas será reconhecido em seu tipo pelo pódio, pelas colunas exentas e pelo frontão triangular. As *barrières* – portas de alfândega da cidade – constituem um tipo ainda não consolidado quando Claude-Nicolas Ledoux o elabora com seus diversos projetos para Paris: o vão central, a simetria das alas e a severidade maciça da composição, indicando a passagem, dignificam a autoridade. Ledoux é avaro no emprego de elementos escultóricos – que nunca se confundem com os arquitetônicos –, mas é perdulário no tratamento plástico das superfícies: colunas aneladas, rusticações profundas, chaves de arco ressaltadas etc. Para Ledoux, contudo, é o próprio agenciamento das massas, conforma-

---

32. Le Corbusier, "L'esprit nouveau en architecture", em *Almanach d'architecture moderne*, p. 36.
33. Idem, "Des yeux qui ne voient pas... (I – les paquebots)", em *Vers une architecture*, p. 80.

das com evidência, que consigna o caráter ao edifício[34]. Por isso, Emil Kaufmann indica que "foi na busca de novas soluções espaciais que Ledoux chegou a ser o verdadeiro precursor do século XX"[35].

Embora muitos dos motivos de Ledoux encontrem precedentes em Michelangelo (pense-se, por exemplo, na *Porta Pia*), em Giulio Romano (*Palazzo del Té*) ou em Palladio (*Villa Foscari, il Redentore*) é pela simplicidade de seus sólidos e pelo despojamento decorativo que se caracteriza a sua Arquitetura. Ledoux e Boullée evitam o recurso ao extradisciplinar na Arquitetura: esta Arte pode por si mesma dotar de *caráter* os edifícios e facultar ao olho, adestrado pelo *gosto*, o reconhecimento de sua destinação. Para Boullée, "conferir caráter a uma obra é empregar com justeza os meios apropriados para que experimentemos apenas as sensações conformes ao tema da obra"[36]. Assim, um templo deve inspirar devoção; um cárcere, temor; um monumento, glória; um tribunal, respeito... "Nossos edifícios, sobretudo os públicos, deveriam ser, de alguma maneira, poemas. As imagens que oferecem a nossos sentidos deveriam suscitar em nós sentimentos análogos ao uso a que estes edifícios se dedicam"[37].

A atenção do arquiteto se dirige, pois, para os sentimentos que a seu edifício compete ensejar, em consonância com os quais compõe os recursos disciplinares da Arquitetura: distribuição de massas, jogos de luzes e sombras, relações dimensionais e situacionais, texturas, ornatos etc. Quanto às exigências de *ordem* e *variedade*, Boullée pretende atendê-las de modo exemplar com edifícios esféricos que, reunindo à súpera ordem, a infinita variedade, refletem a perfeição racional. O esferóide é, desse modo, a forma que convém ao caráter do cenotáfio que memora o homem que desnudou a didascália da coreografia celeste.

Como o retor ordena pela *dispositio* os elementos do discurso, o arquiteto distribui na composição os elementos da edificação. Os sentimentos que a obra deve despertar no espectador estão previstos pelo caráter da composição. A disciplina Arquitetura, dotada de inteligência e de legibilidade, arroga-se fala, *architecture parlante*, e o espírito informado compreende a edificação em seu tipo pela conveniência da disposição de seus elementos. A arquitetura falante, contudo, cuida para não degenerar, bárbara, tagarela ou cacofônica. A Arquitetura, qual as demais Artes, sendo orientada pela Razão, contribui para o

---

34. "é a projeção das massas, o destaque dos corpos, que conferem o caráter decidido. Pode-se julgar, pelas sombras inscritas nas superfícies dos muros, aquilo que o jogo das massas pode oferecer, e esse é o efeito que se pode tirar de um plano que tenha por base a estrita economia". C.-N. Ledoux, *L'architecture considerée sous le rapport de l'art, des mœurs et de la législation*, apud E. Kaufmann. *Tres Arquitectos Revolucionarios: Boullée, Ledoux y Lequeu*, p. 238.
35. E. Kaufmann, op. cit., pp. 156-157.
36. E.-L. Boullée, op. cit., p. 73.
37. Idem, ibidem, pp. 47-48.

entendimento, apura os sentidos, nobilita os sentimentos, aprimora o gosto e suaviza os costumes. Sendo útil, a Arquitetura participa na educação da humanidade, como se lê no *Arquitetura: Ensaio Sobre a Arte*, de Boullée, citado na epígrafe.

O Barroco, afirma Kaufmann, em continuidade com o Renascimento, destaca, na Arquitetura, por meio da concatenação, da graduação e da integração, a hierarquia das partes no todo[38]. Por cada parte manter compromisso com as demais, a Arquitetura barroca é, segundo o autor, regida por um princípio no qual as partes são heterônomas, a que se opõe, como moderna, a autonomia delas: "Por moderna disposição das partes queremos dar a entender a livre união entre elementos individuais que não precisam sacrificar sua própria existência e cuja forma obedece apenas ao fim a que se destinam. Sua própria lei interna determina sua forma"[39].

Este texto, datado de 1933, é revelador, quer da visão que os modernos construíram acerca dos ditos arquitetos revolucionários, quer do juízo que aqueles faziam de si mesmos. O que fora constituído, nas *Luzes*, como procedimento compositivo erige-se, no século XX, como princípio construtivo da forma: remontar, analiticamente, ao elementar; conferir-lhe a configuração precisa (segundo sua função); e situá-lo, ótimo, no todo, para o desempenho máximo. Enquanto acompanhava em Viena, a Vermelha, a construção de *Höfe* funcionalistas, Kaufmann via em Ledoux as premonições do Novo Mundo:

> Apresentaremos, inicialmente, o artista que foi o primeiro a iniciar o percurso do longo caminho que vai do Barroco até a Arquitetura do século XX: Claude-Nicolas Ledoux. A cavaleiro entre duas épocas, a dos pré e a dos pós-revolucionários, sua obra constitui o primeiro pronunciamento dos novos objetivos artísticos, testemunho palpável do devir de um novo mundo[40].

Depois de editar *De Ledoux a Le Corbusier*, Kaufmann, com a anexação da Áustria ao III Reich, é acolhido nos Estados Unidos, onde, em 1952, publica seus *Três Arquitetos Revolucionários*, no qual, ao lado de Ledoux, alinha Boullée e Lequeu. Finalmente, em sua obra póstuma, *A Arquitetura na Era da Razão*, de 1955, ele reconhece na França, e também na Inglaterra e na Itália, a elaboração de obras e teorias arquitetônicas que se encaminham para uma direção divergente da unidade barroca. Se, em 1933, Kaufmann propunha Ledoux como

---

38. "A composição após a Idade Média, com sua ênfase nos diferentes valores das partes, fez do conjunto uma hierarquia de elementos bem disciplinados. Já conhecemos os meios que se empregaram para alcançar este objetivo: a concatenação, a gradação e a integração". E. Kaufmann, *La Arquitectura de la Ilustración: Barroco y Posbarroco en Inglaterra, Italia y Francia*, p. 99.
39. E. Kaufmann, *De Ledoux a Le Corbusier: Origen y Desarrollo de la Arquitectura Autónoma*, p. 71.
40. Idem, ibidem, p. 22.

um visionário, um vate da nova Arquitetura, mais tarde admite que ele jamais está desacompanhado e que o século das Luzes – um tempo que se quis *raciocinante* –, especialmente em sua segunda metade, é o do empenho de artistas e teóricos em busca, como diz Denis Diderot, das regras, não "nos autores, mas na Natureza, e do discernimento do falso e do verdadeiro de tantas poéticas arbitrárias"[41].

A divulgação das obras de Kaufmann, particularmente a partir dos anos de 1950, contribui para a revalorização das teses iluministas sobre as Artes e, não tarda que, propagando-se acriticamente seu adágio, que apregoa *nada* (dever haver) *na representação que não esteja também na função*, fosse atribuído a Lodoli o título de prenunciador do moderno funcionalismo, o que é, obviamente, um anacronismo. Manfredo Tafuri, depois de Kaufmann, garimpando, no século XVIII, antecipações do moderno, pretende surpreender um viés vanguardista nas séries gravadas e nos escritos de Giambattista Piranesi. Reportando ao ensaio de Serguei Eisenstein sobre Piranesi, especula Tafuri:

> Eisenstein descobre com agudeza a dimensão ambígua atribuída aos objetos de Piranesi até chegar a assinalar em Carceri um interrogante insatisfeito sobre o destino da organicidade da forma: um primeiro salto além dos limites da configuração exata dos objetos, em direção ao jogo das formas geométricas que os compõem, e já estamos em Cézanne [...]. Outro passo adiante, e temos o Picasso dos anos dourados. O objeto como pretexto (povod) já desapareceu.
>
> De Piranesi a Picasso, passando por Cézanne: a continuidade da vanguarda fica assim definitivamente afirmada. Da crise do objeto em Piranesi à sua desaparição[42].

Não é, contudo, pelas premonições de alguns heróis do século XVIII, nem por um putativo vanguardismo das *Luzes* – procurado onde não poderia existir –, que se pode relacionar as postulações das vanguardas e as das *Luzes*. O que há de comum entre estes momentos é, de modo geral: a prevalência da utilidade; o resgate desejado da origem imaginada; a ênfase na *natureza humana* como fundamento para a construção de um *Novo Mundo*; o conceito de progresso do conhecimento como agente da perfectibilidade social; a ampla aplicabilidade da Ciência positiva, caucionada pela experimentação; e o desabono da autoridade de místicas ou metafísicas.

As investidas das vanguardas contra a Arte e as propostas para sua supressão têm por alvo o *academismo*, classificando-se em tal rubrica: genericamente, os ecletismos, historicismos, e, especificamente, os re-

---

41. "Era necessário um tempo raciocinante no qual não se procurasse as regras nos autores, mas na Natureza e no qual se sentisse a falsidade e a verdade de tantas poéticas arbitrárias". D. Diderot. verbete "Encyclopédie" em J. Le Rond d'Alembert, D. Diderot et alii. *Encyclopédie ou Dictionnaire Raisonné des Sciences, des Arts & des Métiers*; tome douziéme (nouvelle édition), p. 394.

42. M. Tafuri, "Historicidad de la Vanguardia: Piranesi y Eisenstein", em *La Esfera y el Laberinto: Vanguardias y Arquitectura, de Piranesi a los Años Setenta*, p. 96.

ceituários decorativos e toda sorte de morfemas arbitrários divulgados nos manuais compositivos do século XIX. Denunciam-se as Artes, especialmente a Arquitetura, de haverem se encerrado, naquele século, em pretensa autonomia, afastando-se da utilidade e ignorando as potencialidades técnicas emergentes e as demandas por novos programas edilícios. Enquanto os engenheiros são – assinala Le Corbusier, nos anos de 1920, como poucos anteriormente, Viollet-le-Duc, Labrouste... – "saudáveis e viris, ativos e úteis, morais e alegres", são os arquitetos, "desencantados e desocupados, faladores ou lúgubres"[43]. A rejeição da história, propalada pelas vanguardas construtivas, é determinada: os historicismos, as citações, os saudosismos revivescentes, correntes no século XIX, são seus objetivos. É contra a História da Arquitetura, tida como um acervo de estilos e morfemas, disponíveis para apropriações arbitrárias, que a sublevação construtivista investe: a didática da *Bauhaus* exclui, deletéria, tal matéria. Contudo, ao postular a utilidade e a adequação das formas – a destinação e a produção –, como determinantes do objeto, as vanguardas afinam-se com as estéticas aventadas no século XVIII. O uso e a conveniência, mais que a adequação em fins, nesse século, entretanto, inscrevem-se, como se sabe, em chave retórica, na qual operam conjugadas, pedagogia, prazer e comoção.

Os *construtivos* postulam a aproximação inédita de vida e Arte, engajando esta na produção e inserindo-a no cotidiano: recusando as teorias da *arte pela arte*, atribuem à Arte um sentido transitivo, dependente das pretensões de profilaxia social. Aterrar já a *torre de marfim* é palavra de ordem: renegando o que entendem ser hedonismo hermético e elitista nas Artes, os vanguardistas propõem-lhe novos modos operativos, fundando-os nas assertivas das Ciências e no discernimento da invariabilidade psico-fisiológica do homem – *natureza humana* – para assim devir igualmente a todos. Tais postulações estão presentes, tanto nos manifestos e programas difundidos pelas vanguardas, quanto nas teses emanadas das *Luzes*. No entanto, a exclusão programática, pelos vanguardistas, da inscrição das Artes em preceptivas e sua promulgação da hegemonia da positividade racionalizadora do intelecto sobre as demais faculdades, desaconselham o açodamento no estabelecimento de identidades entre os dois momentos. Garimpar nas produções do século XVIII prefigurações de vanguardismo – no sentido que desde Courbet se consolidou e que é consentâneo com a origem castrense do étimo –, é busca balda: nem os rigoristas Laugier, Lodoli, ou mesmo os revolucionários Ledoux e Boullée se insurgem contra o *uso*: é a proscrição do *abuso* que prescrevem. Recorde-se que é com a proposição de Durand[44], durante o

---

43. Le Corbusier, *Vers une Architecture*, op. cit., pp. 6-7.
44. J.-N. L. Durand, *Précis de leçons d'architecture donnés a l'École Royale Polytechnique*.

Primeiro Império francês, de uma nomologia compositiva, combinatória, desdenhosa dos tipos e das variantes contextuais, que se detecta a negligência com os preceitos dos *gêneros*.

É recorrente que quando, desejando-se a atualização de um futuro – um destino –, reflexamente, desenhe-se uma origem que potencialmente o conteria. E o *topos* da cabana rústica ressurge em Le Corbusier, que enraíza sua genealogia em um peculiar *homem* que, sendo primitivo, é também, paradoxalmente, geômetra e instrumentado:

> O homem primitivo parou sua carreta; decide que aqui será seu chão. Escolhe uma clareira, derruba as árvores mais próximas, aplana o terreno à volta; abre o caminho que ligará ao rio ou àqueles de sua tribo que ele acabou de deixar; enterra os piquetes que sustentarão sua tenda. Cerca-a com uma paliçada na qual insere uma porta. O caminho é tão retilíneo quanto lhe permitem seus instrumentos, seus braços e seu tempo. Os piquetes de sua tenda descrevem um quadrado, um hexágono ou um octógono. A paliçada forma um retângulo cujos quatros ângulos são iguais (sic), são retos (sic). A porta da cabana alinha-se no eixo do cercado e a porta do cercado faz face à porta da cabana[45].

Despojada pelo desenho – ângulo reto – do artifício e purgado, assim, dos excessos que o conspurcam, o imaginário da prístina cabana é reavivado como o guia que, restabelecendo a racionalidade imanente do *humano*, legitima, em Le Corbusier, a Arquitetura – tal como ele a concebe e divulga – como auspicioso reencontro com sua origem e como consumação de suas potencialidades. Permeando esta concepção está a postulação da constância da Natureza, portanto, da *natureza humana*, ora recuperada do contágio do artifício, do amaneiramento e da dissimulação. A hipótese subjacente repõe certas *Luzes*: a ampliação dos conhecimentos – que segrega o *mesmo* do *outro* –, divorciando o homem de sua natureza e levando-o ao olvido das origens, corrompera-o. Assim, atribui-se à Razão ponderativa a potência de, direcionando os costumes, restaurá-los. Apenas esquadros agora enquadram o onirismo, antes arcádico, de que, nos primórdios ideados, o homem é feliz, espontâneo e verdadeiro; expectando o Paraíso, alguma vanguarda – DADÁ, entre outras, jamais – especula que pecado, angústia e tédio lá ainda não irromperam. O futuro desenhado é representado à semelhança desta origem projetada: os pomos da Ciência e do saber – no mito, precipitadores da queda –, serão então os agentes da redenção, os provedores do *Novo Mundo*, crê-se...

---

45. Le Corbusier, "Les tracés régulateurs", em *Vers une architecture*, op.cit., p. 53.

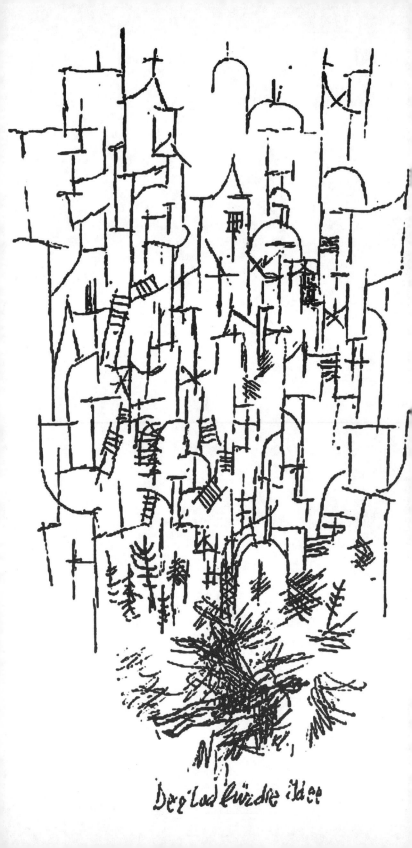

8. Alegoria

Parte da parte eu sou, que no início tudo era,
Parte da escuridão, que à luz nascença dera,
À luz soberba, que, ora, em brava luta,
O velho espaço, o espaço à Noite-Mãe disputa[1].

Tendo em vista os acontecimentos que eclodiram na Revolução Francesa, Hegel assinala:

> O Espírito que se cultiva cresce lenta e silenciosamente até a nova figura e desintegra pedaço por pedaço seu mundo precedente. Apenas sintomas isolados revelam seu abalo. A frivolidade e o tédio que tomam conta do que ainda subsiste, o pressentimento indeterminado de algo desconhecido, são os sinais precursores de que qualquer coisa diferente se aproxima. Esse lento desmoronar-se, que não altera os traços fisionômicos do todo, é interrompido pela aurora que, num clarão, descobre de uma só vez a estrutura do novo mundo[2].

Em Hegel, a frivolidade e o tédio são prenúncios do albor de um *Novo Mundo* que, enfim emerso das trevas, evidencia real o racional, pois a renitência de ilusões, mitos e fantasmas engendrados pela superstição não têm mais direito a insistir em subsistir. O mundo solar ilumina, ainda no começo do século XX, anseios de instaurar, com a invariabilidade da Ciência, a desejada transparência nas relações sociais. No entanto, mes-

---

1. J. W. von Goethe, *Fausto*, p. 72.
2. G. W. F. Hegel, "A Fenomenologia do Espírito", em *A Fenomenologia do Espírito e Outros Escritos*, p. 16.

mo quando se clama por *Luzes*, não se celebra essa fé, secular e civil, do profetismo do século XX: Jean-Jacques Rousseau denuncia a opacidade da linguagem na enunciação cristalina da verdade e os bons préstimos que ela faculta à promoção da jactância, à farsa e ao ludíbrio.

Kierkegaard, em seu ensaio *O Conceito de Angústia*[3] – o próprio título encerra paradoxo retórico, pois inere à *angústia* ser refratária ao *conceito* –, opõe-se ao difuso hegelianismo, soez então entre teólogos, que pretende abarcar todo o ocorrido e o cogitado em sistema que, teleologicamente, tem o *Espírito Absoluto* por resultado e encerramento de progressivas superações. A tal escatologia, Kierkegaard antepõe a irredutibilidade do existido e do vivenciado às formas do *conceito*. O ser que, sendo, é em cada *eu*, ecceidade perpassada por sucessivas sensações e sentimentos, assaltada por desejos e assombrada por terrores, assolada pelas petrificações da angústia, constitui obstáculo à penetração da luz triunfante do Entendimento, que pode pensar apenas pensamentos, mas que, sobranceiro, crê tudo translúcido à sua perscrutação atenta. Enquanto *coisa pensada*, os seres restam constritos às formas da intelecção que os apreende; aquilo que foi sentido já deixou de sê-lo quando transmutado em *conceito*. Se, para Hegel, como forma ainda permanece abstrata, "em si mesma a idéia é essencialmente concreta"[4], para Kierkegaard, a idéia é sempre abstrata, mediata. Nele, concreto e imediado é o desejante que, eticamente sublimado pelo transcendente, é padecimento: o ser do homem é substancialmente opaco e nem mesmo o melhor dos sistemas poderia consolá-lo em sua insuperável solidão face ao incógnito e ao incognoscível. "Não é o gênero humano que recomeça em cada indivíduo – pois se assim fosse não poderia existir como gênero – porém cada indivíduo que recomeça o gênero humano"[5].

Desse modo, ante as limitações e aporias inerentes à Razão, só restaria ao homem apegar-se resoluto à Fé e com ela e por ela anelar pela salvação. Em *Temor e Tremor*[6], Kierkegaard (*Johannes de Silentio*) – referindo-se ao sacrifício de Isaac –, assinala o *absurdo* intrínseco à fé, portanto, a impossibilidade de se a ultrapassar no pensamento, como está em Hegel, na exposição do desenvolvimento do Espírito. Para *Johannes*, a humildade da submissão à religião nunca será superada pela soberba da Filosofia, não passando o *Espírito Absoluto* de quimera engendrada na caixa craniana do *filósofo*[7].

3. S. A. Kierkegaard, *O Conceito de Angústia*.
4. G. W. F. Hegel, "Introdução à História da Filosofia", em op. cit., p. 343.
5. S. A. Kierkegaard, op. cit, p. 37.
6. S. A. Kierkegaard, "Temor e Tremor", em *Diário de um Sedutor e Outros Escritos*.
7. "Após haver colocado os problemas na dimensão histórica, Rousseau acaba por vivê-los na dimensão da existência individual. Essa obra que começa como uma Fi-

Para o *Cavaleiro da Fé*[8], que se submete incondicionalmente aos desígnios revelados de uma aspirada existência póstera, o empenho na salvação é intransferível e a condição de indivíduo, irredutível, cumprindo ser plenamente padecida: não lhe cabe, ao contrário do que sucede com o *herói*, sequer o conforto de se resguardar na aquiescência do geral.

Como para Kierkegaard, contra o imponderável da fé de nada valem as ponderações da Razão, pois a relação com o Absoluto é, ela mesma, absoluta – logo, não passível de ser mediatizada pela reflexão –, é a ipseidade operada em *O Conceito de Angústia*. Neste escrito, afirma o autor que – em contraste com a teologia vulgar que designa o Paraíso como o lugar da plenitude na contemplação do *Ser* – é no próprio Jardim do Éden que vivifica a angústia, constituída ali como "condição que precede o pecado original". Para ele, inocência é ignorância, e a origem do *pecado* – queda, culpa – é perda, caída da inocência. "Inocente, o homem ainda não está determinado como espírito, ainda que a alma conserve uma unidade imediata com seu ser natural"[9].

Neste estado de calma e repouso, em que não há opositor, comparece, entretanto, o *nada*. "Este nada dá nascimento à angústia"[10]. A especificidade do humano consiste em devir síntese de alma e corpo que, unidos, geram um terceiro, o *espírito*. Sendo alma e matéria eternas, indestrutíveis, é apenas seu episódico e efêmero conúbio, o *espírito*, que, pela mediação do pensamento, entrando em comércio com coisas, relaciona-se com a exterioridade. Destarte, sendo, pois, somente o espírito que se extroverte, é na dimensão reflexa de sua introversão que germina a angústia. Posto estar esta na relação do espírito, não com o outro, mas consigo mesmo, não há como dela escapar e tampouco se pode amá-la. Enquanto, para Hegel, o *fora de si* do espírito é condição para o retorno *a si* – a alteridade como passagem à identidade –, para Kierkegaard, o espírito, constrangido à exteriorização, percebendo-se imerso no diverso, é abismado na angústia.

A seqüência da argumentação de Kierkegaard é: no jardim do Éden, Adão – concomitantemente indivíduo e espécie –, permanece em inocência, calma, repouso e mais *nada*. Deste *nada* seiva a angústia, a relação do espírito consigo mesmo. A angústia não é causa, mas

---

losofia da história termina em "experiência" existencial. Ela anuncia ao mesmo tempo Hegel e seu opositor Kierkegaard. Duas vertentes do pensamento moderno: a marcha da Razão na história, o trágico de uma busca da salvação individual". J. Starobinski, *Jean-Jacques Rousseau: a Transparência e o Obstáculo*, p. 46.

8. "O herói trágico renuncia a si mesmo para exprimir o geral: o cavaleiro da fé renuncia ao geral para se converter em Indivíduo". S. A. Kierkegaard, "Temor e Tremor", em *Diário de um Sedutor e outros Escritos*, op.cit., p. 155.

9. S. A. Kierkegaard, *O Conceito de Angústia*, op. cit., p. 45.

10. Idem, ibidem, p. 45.

condição do pecado original, do qual decorre a culpa e a pecabilidade, seqüência de outros pecados. Com a culpa, perdendo-se a inocência, distinguem-se o sono e a vigília: nesta, a consciência é o saber do *mesmo* e do *outro*.

É contumaz nas expectativas construtivas das vanguardas, a nostalgia de purezas originárias, virgindades sensoriais, espontaneidade e inocência. Há como que implícita nas promessas daqueles que exaltam os poderes da Ciência e da técnica a proposição de, potenciado por elas, reconstruir-se o mundo à imagem e semelhança do sonhado e sempre perdido Éden: o *Novo* (e ancestral) *Mundo*. Imagina-se obliterar a danação infausta, imanente ao conhecimento, quando a cada efeito se lhe adjudicar sua causa: as coisas perdem opacidade no mundo ilustrado pelas luzes da Ciência positiva[11]. Como a racionalidade é natural no homem, o saber constrói nova unidade, *mediada*, do homem com seu ser natural, sendo então a indeterminação do *nada* – a geratriz da angústia –, superada e suprimida pela determinação do saber. Nesta concepção, está suposto que o avanço progressivo do conhecimento invade o recôndito e explicita as origens do Universo e as profundezas da *Psique*. O saber positivo, que ultrapassa o *nada* – assim, a indeterminação –, supõe o homem *moderno* – metropolitanizado, condicionado a mediar, com cálculos, sentimentos e afetos – imune à angústia.

Assim, a restauração do Paraíso, anelada pelas revivescências tantas, é projetada então como produto necessário do desenho sábio que designa a cada *ente* um lugar – uma posição relativa – e a cada lugar uma função no movimento *uniformemente acelerado* do mecanismo societário, *suave e previdente*. Entretanto, o póstero Éden que, ao contrário do originário, não resulta de uma teofania, mas de uma criação do conhecimento *humano* e civil, concebe-se isento da angústia, que Kierkegaard detectou na Gênese; tal conhecimento, à medida que se torna abrangente e percuciente, compacto, gradativamente calafetaria brechas e frinchas, por onde o *nada*, persistente, se infiltra.

Registrou Paul Klee em seus *Diários*:

> Por muito tempo tive esta guerra dentro de mim. Por isso tudo isso não me diz nada interiormente.

---

11. Goethe, em seu *Fausto*, não compartilha dessas esperanças ao levar seu personagem, assolado pela *danação fáustica* do saber, a mercadejar sua alma com Mefistófeles, *que sempre o Mal pretende e que o Bem sempre cria*, em troca da recuperação da possibilidade do repouso e da distensão. No Fausto fomentador encontra-se o delírio de uma mente que anela reordenar o mundo de acordo com um plano que, adequando e alocando cada elemento segundo fins precisos, abolisse as crônicas carências materiais, e também espirituais, mas esse empenho é continuamente marcado pela culpa de constatar que, para tal mister, é imperativa a destruição das formas culturais consolidadas e a desfiguração de lugares impregnados pelas vivências acumuladas.

Para poder sair do monte de escombros à minha volta, precisava voar. E voei. Naquele mundo em ruínas estou apenas em lembrança, exatamente como às vezes nos lembramos de alguma coisa passada.
Assim, sou "abstrato com recordações"[12].

Angústia e fastio são, aqui, reveladores da historicidade dos vanguardismos que se empenham em reconstruir a socialidade humana, regenerando-lhe os valores. É histórica, também, a postulação da radical excludência do saber positivo e da inoperância de referentes herdados para formação da imagem de uma ordem social restaurada, cujo advento se anunciou iminente. As *Luzes* das vanguardas figuram uma visão prospectiva das relações sociais – o *Novo Mundo* – racionalmente ordenadas no horizonte de vivências urbanizadas. Para as chamadas *vanguardas construtivas*, os fenômenos coetâneos e correlatos da crescente metropolização e da progressiva dominância, no *situs* abstrato das *metrópoles*, das formas abstratas de pensamento assumem o papel de paradigmas orientadores de uma sociabilidade futura. Contudo, outras *vanguardas*, – especialmente a ironia e o sarcasmo DADÁ –, descrêem ruidosamente das generosas expectativas das suas similares construtivas, assinalando o *trágico* – de que Piet Mondrian anunciou a elisão[13] –, da condição moderna. Dadaíza Tristan Tzara:

> Escrevo um manifesto e não quero nada, no entanto, digo certas coisas, e, em princípio, estou contra os manifestos, assim como estou contra os princípios. [...] Dei uma versão mais que fidedigna do progresso, da lei, da moral, e do resto das nobres virtudes que tantos homens altamente inteligentes têm discutido em tantos livros, apenas para tirar a conclusão de que cada um dança o seu próprio bumbum[14].

---

12. P. Klee, *Diários*, p. 349.
13. "A 'Arte' é apenas um 'substituto', enquanto a beleza da vida é deficiente. A Arte desaparecerá na medida em que a vida ganhar equilíbrio". P. Mondrian, "Arte Plástico Puro", em *Arte Plástico y Arte Plástico Puro*, p. 58.
14. T. Tzara, "Manifesto Dadaísta", apud D. Ades, "Dadá y Surrealismo", em N. Stangos (comp.), *Conceptos de Arte Moderno*, p. 101.

Posfácio

Apagando as linhas que, embora leves na construção da erudição argumentativa e documental de sua tese, cruzam-na e recruzam-na, apinhantes, Ricardo Marques de Azevedo realça-lhe, no livro, o risco conclusivo: na transferência, a nitidez não se atribui apenas ao desaparecimento dos lineamentos auxiliares, pois são os traçados reguladores e as hachuras do claro-escuro, coligados no campo projetivo da composição, os eliminados. Dos traçados, distingue-se a perspectiva de ponto de fuga, que, homóloga pelos efeitos às gradações do claro-escuro, efetua transições regradas que consideram, sintáticas, a subordinação das linhas ao ponto na projeção cônica de aprofundamento e, em conexão, a coordenação de suas intersecções em planos, determinando-se tal composição por escolhas que lhe otimizam o resultado. Em *Metrópole: Abstração*, o abandono desses traçados ultrapassa as exigências técnicas de limpeza da apresentação, no que a *skiagraphia* (esquiagrafia), encampada pela moderna perspectiva de sombra, é destituída como função, em que é procedimento gráfico entre outros relevante, para se instituir em posição não funcional, na qual destrói esses procedimentos como contra-efeito do compositivo em geral. Devorando o reticulado e o hachurado de escalonamentos e transições, a *skiagraphia*, em sua acepção geral de sombra grafada, expõe o discurso de *Metrópole: Abstração* no corte em que a obscuridade imperiosa exibe a soberania da lucidez. No corte, a lucidez salta da indiferença a que a relegam os procedimentos gráficos convencionais, nos quais, como indiscriminada, é invisível e impensável:

achatando a profundidade da composição elaborada por perspectivas e claro-escuro, a obscuridade que revela como inteligível a lucidez e a lucidez que tira da obscuridade a mancha de privação desmentem a Razão que se proclama única no se adjudicar o vasto campo gráfico da óptica e da matemática como critérios de seu juízo.

Entronizadas no corte em que uma evidencia a outra, a lucidez e a obscuridade têm inteligibilidade diferente da razão convencional do claro-escuro, na qual o lume e a sombra são instrumentais em escorços e composições simuladores de profundidade com variações efetuadoras de relevos. As intensificações e desintensificações recíprocas de lume e sombra nesses efeitos não colimam o discurso cortante de *Metrópole: Abstração*, todo ele contrastado pela lucidez disjungida da obscuridade e com ela, portanto, pensada. Entretanto, estas são os tronos que, como inteligíveis, transcendem o livro, cortado, não por lume e sombra, mas por lume e treva, nele grafados contra a gradação do claro-escuro; em sentido inverso, a lucidez e a obscuridade são atingidas na leitura do livro, no qual o lume e a treva são as potestades que dão acesso, como atos, à inteligência, cuja pureza é a dos tronos, mas sem os atributos de poder do lume e da treva. Em virtude de o corte nos tronos ser da inteligência e nas potestades, do ato, os dois pares descrevem arcos que se tocam e que, embora distintos, fecham a circunferência das processões. A inteligência e o ato constituem duas dualidades que se tocam, não sendo suficiente ao livro de Ricardo Marques a contraposição simples da obscuridade à lucidez na inteligência, nem a de treva e lume no ato: é do livro que se passa para a inteligência, pois este é escrito pelo lume e pela treva como atos cuja inteligibilidade provém, por sua vez, do corte da lucidez e da obscuridade. A circunferência da inteligência e do ato é a de dualidades, diferentes da razão que qualifica os construtos compositivos de únicos, seja por adrede desconhecer outras, seja por se referir à duplicidade que lhe arma a ação como instrumento relacional de hierarquias.

Da razão hierárquica, a composição ergue-se sobre o contínuo, que, como pressuposto da medida e da proporção, ordena as transições tanto nas derivações ilimitadas a partir de termos primitivos, quanto nas ponderações, variações, medições ou permutações em intervalos. Como ordem e medida, a razão compositiva é paradigmática do relacional em qualquer transição regrada, tanto em Artes e Letras quanto em Ciências, sendo, como prescritas, ofuscadas em *Metrópole: Abstração*, não, porém, enquanto tematizadas nos enunciados didáticos. Pois o velamento da composição evidencia, na enunciação, as articulações que expõem a coincidência do corte de obscuridade,e lucidez e do eixo que reparte, disjuntivo, as grandes áreas do livro. É em torno do eixo que gira a duplicidade circunscrita às evoluções temáticas em palco didascálico e a dualidade estalada na partição dos gêneros discursivos, de que é exemplo a veladura dos extremos de intervalos, especificados como atratores de ponderação, limites de variação, terminais de troca ou marcadores de sentido, a se ficar em enumeração não exaustiva. Por estar separada da duplicidade, a dualidade exibe-lhe as restrições: tanto a transitividade intervalar quanto a central são, como delimitadas, barradas enquanto efetuações compositivas que as dualidades descontinuam, atacando o contínuo a que se fixa a panóplia conceitual de relações que por este se hierarquizam.

A intransitividade dos duais não se atém à definição nominal, que a situe negativamente face à transitividade da composição; os conceitos envolvidos em *Metrópole: Abstração* não se configuram como decalque privativo ou inversivo da composição, de modo que a dualidade não é simétrica à duplicidade, no que a prefixação negativa é, quando aparece, indicial do que o livro também exclui, a constelação nocional do compositivo. Despedem-se com este aceno o linear e o tabular que especificam o relacional como derivação de princípios e cruzamento em nós. Coordenando e subordinando as linhas, a perspectiva linear afigura-se paradigmática da exploração do contínuo do espaço tridimensional que a historiografia artística moderna promove, positivíssima também nos florões idealistas há muito vigentes na ficcionalização da isotropia e da homogeneidade do dito espaço. A dúctil extensividade das quantidades desse espaço cruza a não menos adaptável intensividade das gradações do claro-escuro, no qual a variação ponderada do lume e da sombra, modelando relevos, ainda efetua profundidade cênica. Aplicados à cena espacial e à coisa local, as perspectivas, o escorço e o claro-escuro são homólogos, uma vez que o extensivo na diminuição dos tamanhos e o intensivo na dos lumes, interceptando-se como efeitos em relação ao olho descolado da superfície que os sustém, participam na produção do mesmo prodígio. Não é menos admirável que o efeito dos dois procedimentos não se apresente como o maravilhoso de mirada miragem, como até há dois séculos se escrevia; o achatamento do epidítico, da ecfrase, das alturas da história como gênero, é obra da história saída do século XIX, cuja positividade discursiva, seja ela objetiva ou subjetiva, está cega aos logros logrados do louvor.

À diferença da perspectiva linear, da perspectiva de sombra e do claro-escuro, o lume e a treva não são duplos que proporcionalizam, variam, ponderam ou medem em intervalo; não se restringindo ao intervalar, a composição estende-se aos nós em que se atam tema, estilo, disposição, assim como aos focos que, epigramáticos, são radiantes, didática, deliberativa, epiditicamente, ora abertos em leque, ora solitários como setas. O lume e a treva, como duais, não se definem negativamente, por mais que a prefixação negativa dos nomes de sua constelação conceitual com isso acene. A negação acende, neles, o sinal da inacessibilidade aos absolutos pela via positiva, que a razão compositora prescreve: incapturáveis em espelhos, aos absolutos tampouco faltam relações, pois o apagamento destas se atribui exclusivamente ao corte que ilustra e escurece; ofuscada, assim, a constelação do compositivo, os absolutos não são ilumináveis pelas qualidades compositivas daquela razão e, imprescritos, enveredam em si mesmos de muitos e diversos modos, estranhos às relações que suponham fazê-los conhecer; enfim, os absolutos não se contraem como substratos dessas qualidades, pois não se delimitam pela simples rejeição delas, só podendo fazê-lo o corte no qual se exibem os contrastes. Nem privativos, nem exclusivos, menos ainda simétricos, os prefixos negativos, indiciais da inapreensibilidade dos absolutos pelos relativos põem em evidência os aranzéis modernos do espaço compositivo. Por isso, como o lume e a treva no livro, os absolutos, além das negações em *intransitivo* e *descontínuo*, ostentam nos nomes de seus outros conceitos a barragem ao homogêneo e ao isotrópico, qualificadores do espaço em profundidade; ignorante dos gêneros, a razão compositiva moderna se oferece como o paradigma da cientificidade na compreensão positivista do ilusionismo e, não menos, do espaço intervalar, que, segundo acepção mais ampla e antiga, designa as relações entre extremos, em que, como na expressão *espaço de tempo*, é lapso. O heterogêneo e o anisotrópico, alheios, por imensos, a esses espaços, e mais ao perspectivo que ao intervalar pela consideração do contínuo e do transitivo, são conceitos bastantes na barragem das hierarquias compositivas do espaço de uma cômica razão única.

Relegando o ilusionismo ao terreno de um maravilhoso baldio, *Metrópole: Abstração* estoura com lume e treva a positividade hiperteleológica dos místicos modernos do Urbanismo, da Arquitetura e da Arte, alheios ao gênero que opera o prodígio segundo o decoro do elevado. Pois as constelações da duplicidade e da dualidade distinguem os dois campos discursivos do livro: enquanto a constelação dos relativos privilegia sua dimensão temática, a dos absolutos, nunca enunciada, obstina-se com o impronunciável, sendo detectada tanto nas direções restantes quanto, principalmente, na articulação do livro todo, ao qual escande, disjunge, conjuga, articuladora e que, embora deixe rastros afetivos, não se faz apresentar. Por isso, também, os absolutos são a si mesmos suficientes e, adiabáticos, nada trocam, variam, ponderam, medem entre si, impedindo que as duplicidades sejam tomadas por dualidades, como na distinção entre um interior e um exterior, que só aparentam disjunção por demarcar fronteiras, com as quais, entretanto, se estabelece o que se intenta barrar, as trocas e as variações. Não é fortuito que essas fronteiras sejam assimiladas aos extremos de intervalos, pois os saltos entre um dentro e um fora não se distinguem dos lances intervalares. A irredutibilidade dos absolutos está, unicamente, no corte que institui o lume e a treva como imponderáveis e imensos, qualidades que se juntam à intransitividade e à descontinuidade na distinção das duas constelações, que ainda se diferenciam por traço explicitador do livro de Ricardo Marques: enquanto a constelação compositiva é instrumental, flexível já na ordenação dos capítulos em que é tematizada, a outra é inapropriável; em contraste com a elasticidade daquela, a dual, como intratável, não deriva dos absolutos os termos que, relacionais, assim, espécies, figuras, aspectos, adaptam o lume e a treva ao papel de primitivos, aptos para desenvolver, extrair, construir.

Como as relações de interior e exterior são assemelhadas às de intervalo, o espaço homogêneo, que tem na perspectiva o paradigma da construção modelada pelo extensivo, abarca-as, incluindo ainda em si o intensivo, também ele, como vetorial, imersível neste espaço. A ampliação do espaço homogêneo pela imersão do escalar e do vetorial reafirma a vastidão do campo do relacional, moderno dono do pensamento, não, porém, dos dois absolutos, que, não sendo intensivos, dele escapam; não se os concebe, em conseqüência, segundo o lugar, o tempo, o movimento e mais categorias que os tenham por relativos, libertando-se-os, por exemplo, do mito da perfeição da esfera ou do da pulsação da vontade, mas, ainda mais, do da ditadura dos fins. A irredutibilidade dos absolutos aos relativos é confirmada pela resistência daqueles à bateria de argumentos, dos quais aqui se retêm dois: os absolutos não se reconhecem relativos por serem, no livro de Ricardo Marques, dois, a menos que se entifique o número, argúcia de uma ontologia pitagorizante que, em ricochete, exibe-os relacionais porque desontologizados, segundo a mesma linha argumentativa; não se avia, tampouco, um terceiro para os absolutos que os cinda como a signos, ganhando ele mesmo a posição de interpretante ou de destinatário, a arruinar tudo quanto busque escapar à fúria da interpretação metida entre metades que, de sua posição, se abrem. Pois, heterogêneos e anisotrópicos, os absolutos não são imersíveis no espaço referido, o que não os idealiza com alguma substância, espiritualizada como sujeito, inútil tentativa de vencer a imersão. Heteróclitos, os absolutos cascateiam fora de si mesmos quando heuristicamente tocados, devolvendo o interrogante às analogias que este lhes lança, eriçando-se, entretanto, por dentro, quando hermeticamente tenteados, para ferir as línguas dos místicos muito positivos da nova Arte e Arquitetura ou ainda para enviscar os vôos de positivistas cujo idealismo em matéria de história rivaliza com os produtivistas já instalados no fim desta história a calcular com a precisão de minutos os tempos de trabalho, mas também os de gozo, exemplos que a agudeza de Ricardo Marques expõe e que se podem contrastar com o espaçado badalar dos sinos também soados pelo autor.

A inacessibilidade das relações aos absolutos é tão exigida como a de um absoluto a outro, dualidade que nada de recíproco suporta, assim, como se viu, de um interior e um exterior, aqui lançados em ruminação cômica; na falta de reciprocidade, não se propõem, por um lado, a limitação ou o impedimento para ambos, nem, por outro, o confronto ou a invasão que igualmente os anulem, não sendo, decerto, aqui consideradas as teses monadológicas, que discutem, substancialistas, as diferenças *solo numero* de que os absolutos fogem: a dualidade da treva e do lume na *skiagraphia* não se instrumentaliza corretivamente em sentido platônico, mesmo que não se trate de denunciar os logros de que a perspectiva de sombra é acusada no aprofundamento da cena, em que o contraste do propínquo e do longínquo é o desmentido que se estende à grafia em seu conjunto. Como a censura platônica atinge, para lá do logro, a composição que o efetua, ampliando-o, abre-se passagem em sentido contrário para a grafia que não engana, o que confere à *skiagraphia* posição singular, na qual o vértice do cone compositivo se desprende, libertando os absolutos que, no entanto, só se declaram no corte do ato intelectivo das potestades. Concebendo-se nas vizinhanças do foco radiante do engano, a *skiagraphia* tem a virtude da visão próxima que, platonicamente, desengana o olho dos erros da longínqua. O logro que logra o logro é, certamente, retificador, segundo tanto a horizontal, quanto a vertical, assim, escadaria e colunas gregas na simulação de tectônica visual correta: recusando a medida equivocada como corretiva, a tese platônica ataca a profundidade, efetuada por lume e sombra e as perspectivas de linha e de sombra; à diferença das correções da vertical e da horizontal, a efetuação profunda engana o olho, que a denuncia da posição próxima.

. Os três corretores não se sustêm por mais que se alegue a utilidade do erro, sendo, por isso, visáveis por uma geometria mais recente, a descritiva da épura mongiana, que, estando isenta de engano, tem analogia com a platônica, não só como expurgo do vício, mas também como exercício da exatidão. Assim, desprezando o foco, a épura é pura, seja pelo rigor geométrico de sua construção, seja pela recusa do engano em seu traçado: as linhas convergentes das perspectivas, com suas gradações correlatas às variações do claro-escuro, são lavadas pela chuva de paralelas que libertam o traçado da ambigüidade com que jogam as convergentes, devido à oscilação do infinito entre o atingível e o inatingível. Entretanto, paralelas, as ortogonais da geometria descritiva são, também elas, imersíveis no espaço homogêneo dos mais procedimentos, seguindo-se disso visada estritamente indicativa de corte da *skiagraphia*, que não imerge em tal espaço, pois dual, segundo a exigência das articulações discursivas de *Metrópole: Abstração*. Todavia, embora ostente traços comuns aos da geometria descritiva como não menos desprovida de foco, a *skiagraphia* não só se afasta de sua acepção de perspectiva de sombra, como ainda se destaca enquanto corte de treva e de lume. Mas, corte dos dois, a *skiagraphia* não pertence à dimensão na qual a sombra e o lume aparecem como complementares; por isso, a substituição da sombra pela treva acarreta a modificação do próprio lume, que se dissocia da composição enquanto variação angular que instrumentaliza a perspectiva. Neste sentido, a *skiagraphia*, como hipotipose dos dois absolutos, cruza a censura platônica do engano procedimental referido, alegórica da erística anti-sofística que persegue, onividente, panóptica, o erro. O desdém pelo qualitativo da transitividade, variabilidade, ponderabilidade, mensurabilidade, permutabilidade, assim, pela continuidade, atinge o relacional com que a composição se constrói, valorizando, em sentido oposto, a treva e o lume: articulando o discurso de *Metrópole: Abstração*, são eles os potentados que, atos no livro, têm, como se viu, a inteligência não atual dos tronos. Mas, a circunferência dos pares treva-lume e obscuridade-lucidez, não é senão a didascália de uma diferença que, no livro, não há, ausentes referências suas às distinções areopagíticas. Tronos e potestades coincidem, uma vez que a inteligência se produz no livro ao qual sustêm, fechada a circunferência: entre a inteligência e seus atos só se distingue para introduzir clareza. Da conjunção dos dois pares, estando a *skiagraphia* anulada como perspectiva, não se segue, contudo, que sua substituição pelas ortogonais, heuristicamente aproximadas à geometria mongiana, afaste os absolutos da imersão no espaço homogêneo: a condenação do logro, platônica na supressão do foco, estendendo as paralelas, não as torna irredutíveis às relações, uma vez que a distância, embora levada ao infinito, é escalar, com o que se repõe o relacional na mais trivial das espécies, a quantitativa. Tal resultado não impede, entretanto, aproximação diferente aos absolutos: sendo embora relevante a transformação das linhas convergentes em paralelas na emulação destas com a geometria descritiva, propõe-se, para eles, campo elisivo das restrições referidas, que seja saturado como se as linhas, pois se está no paradigma gráfico, vindas de todos os lados, o enchessem e, depositada a tinta, se subtraíssem sem deixar vestígios do gesto que as traçou. A noção de campo pleno acresce-se às dos cortes dos tronos e potestades que apagam a *skiagraphia*, já aventurosa nas paralelas por evidenciar com elas o corte e o contraste dos absolutos. Não obstante isso, a sucessão das hipóteses a nenhuma delas anula, pois, na condução de uma a outra, nem mesmo o abandono de algumas delas será definitivo, porquanto vestígios seus poderão ser retidos como resistentes à imersão, argumento que traz de volta o ramalhete de adjetivos à discussão já travada em outro lugar.

Com o retorno dos adjetivos, o campo dos absolutos revolta-se contra o variável, mensurável, ponderável, permutável e, por extensão, o contínuo e transitivo das relações: nenhum deles acedendo aos absolutos, o campo se fecha, sem gradientes e singularidades; a saturação evidencia a plenitude, assim, o lume indiscernível, a se dissociar do aludido nos traçados compositivos que o ignoram, e a treva perfeita, em tudo, portanto, distinta da sombra. Sendo os absolutos indiscerníveis, lume sem refração, o campo também é treva sem aragem, duplo obstáculo que a composição não vence. Puros, lume e treva são compactos: conquanto uniformes, não são homogêneos e isotrópicos em seus campos, não se podendo assinalar-lhes procedência e tendência, respectivamente, e, como seus opostos conceituais, o heterogêneo e o anisotrópico também permanecem desativados enquanto referidos aos campos. Embora a indiscernibilidade destes seja visual, ela não o é intelectivamente, não sendo requerida a distinção areopagítica entre tronos e potestades, entre inteligência e ato, que coincidem na circulação dos pares. Identificados pelos efeitos, estes plotinizam na hipóstase da inteligência, pois sua plenitude é a do ser e da identidade, não, porém, no campo, cujo fechamento de fascínio e pez às relações, chama a alma, à qual, entretanto, exila, porque falante com alento dianoético. O fechamento refere-se ao campo, não ao corte, no que os absolutos, em *Metrópole: Abstração*, são, mais que uniformes, informes, repropondo-se o heteróclito e o anisotrópico como adjetivos do derrame diversíssimo, invisível em virtude da compacidade e, não obstante isso, inteligível, mais exatamente, hiperinteligível, nos atos que se atribuem à plenitude da lucidez e da obscuridade na elaboração do livro de Ricardo Marques.

A inteligência é plena no discernimento da circulação da lucidez e da obscuridade no discurso de *Metrópole: Abstração*. Não sendo a este exteriores, ambas são idênticas a seus atos, de modo que a inteligência se lança no livro nele sendo e são estes os atos que a expõem. Seguir a identidade como inteligência em ato é o que engata a leitura, pois suas achegas não têm o abrupto da interpelação silenciadora, mas a fluidez da escansão prosseguidora. Estirando-se a linha das identidades com os atos das identidades, não se admitem negociações que gerem as duplicidades caracterizadoras da razão funcional, pois a dualidade estica os absolutos com a narração, ainda que com ânimo distinto, sem convergência que intrometa a composição, a qual, desviadora dos eixos é, assim, sua modificadora. Espacializações dos absolutos, os dois eixos, como cheios e vazios, expõem a inteligência como pura insistência, inadaptável à positividade que opere, por exemplo, como suporte de significados, sentidos, figuras, que brotem como efeitos, recuperáveis como representações, expressões e mais. Estranha aos eixos, a razão compositiva também é excluída por sua reivindicação de crítica de conceitos, posição de feroz auto-isenção, pois ela tanto mais se autoriza quanto mais recua os fundamentos do que persegue para um alhures onde também se localizam os assentos do tribunal dos enunciados. Na mesma linha, sendo os absolutos incompatíveis com os signos, os eixos não se arvoram em significantes, menos ainda em esquemas invisíveis que filtram a visão ou em formações impensadas que coam pensamentos no discurso, antecipações todas elas idealistas de uma brotação, enfim, procrastinada.

Não sendo condicionadores críticos, nem compositores positivos, os eixos, como plenos e ocos, insistem, atravessados na narração, em suas aparições, ora continuadas, ora intermitentes, de fio branco. Sua tensão é a dos gêneros que, construindo o discurso, realça a singularidade do livro de Ricardo Marques: os contrastes no discurso são os elementos do drama que constrói *Metrópole: Abstração*, em que os gêneros, como eixos, são, não só heterogêneos, como também invariantes; o contraste destes não está, porém, em plano supostamente comum aos dois, como nas poéticas e retóricas antigas ou como na semiologia moderna. Por isso, a introdução dos gêneros na análise não atende a alguma prescrição doutrinal, sendo apenas hipótese heurística; assim como a *skiagraphia* substitui as doutrinas do discurso na espacialização dos absolutos e, tendo-os evidenciado como cortes, retira-se, a retorização é, como heurística, não mais que incursionante, uma vez que as composições têm impedido o acesso aos eixos. É notável que, no discurso do livro, os gêneros, identificados com os eixos, atravessam a narração à qual também tensionam, contrastivos, um deles ensinando, o outro polemizando. O contraste do gênero medíocre e do elevado, sendo o do ensinamento e da refutação, é o traço que singulariza *Metrópole: Abstração*, não só como construção, pois tal conjunção é desconhecida da retórica, mas também como efetuação de destinatário, também ele dividido entre o aprendizado e a impugnação em diatribe que escapa ao momentâneo em virtude da amplitude dada por Ricardo Marques ao tema.

Metrópole: Abstração é o drama escrito por eixos irredutíveis, identificados com os gêneros, não, porém, enquanto elementos de doutrina, que, como se viu, desconhece a dualidade da instrução e da erística, e que tampouco a proposição de mistos salva, pois não há, no livro, convergência para ponderações que subordinem um ao outro, simplesmente porque as duas direções são linhas intelectivas puras. Ensinando, o livro polemiza e, polemizando, ensina: corte, em que os dois se cristalizam, anisotrópicos. Nada preexiste ao drama, de que o discurso seja o reflexo ou, menos toscamente, a expressão, seguindo-se disso não serem os gêneros formas atualizadoras de conteúdos, a rebaixar o livro a escrituração de duas vozes do mesmo, isotrópicas pelas mesmas idéias prontas. A narração tampouco cai frente a um significante arbitrário, uma vez que o drama flui como ação, em que os conceitos, não sendo os exclusivos da significação, revezam-se com os afetos, que se movem em planos distintos dos seus. Por isso, a didática e a erística atravessam, heterogêneas e anisotrópicas, os enunciados de *Metrópole: Abstração*, mas dividindo-os entre si, muita vez por zonas de acumulação, como no epílogo do livro, na alegoria, em que os afetos ressaltam e se diferenciam: passa-se, nesta cena, da euforia hegeliana do discurso universal, à angústia kierkegaardiana, em que as mediações do conceito são interrompidas pela irredutibilidade angustiada do indivíduo, mas também ao enfado da abstratíssima indeterminação musiliana, em que percute o tédio setecentista e, mais além, a gargalhada rabelaisiana de uma dadaísta bunda tzarânica a rebolar o niilismo, digno dos olhos de um tzar explodido, diante do hieratismo da mística enquadradora do *boogie-woogie* mondriânico.

Os afetos, localizáveis no enunciado, fugidios na enunciação, repartem os gêneros axializados; a essa significação ostensiva dos contrastes, corresponde a dos afetos deslizantes no fio branco que atravessa o discurso, o qual, assim, diferencia-se estilisticamente. *Metrópole: Abstração* singulariza-se, pois, pelos dois estilos que o riscam como gêneros imiscíveis, não havendo vínculo que os unifique em um estilo composto ou em um misto, pois os absolutos, como inteligíveis, são cortante contraste; assim como os gêneros intermediários, os subgêneros são excluídos. Sendo os gêneros compatíveis com os absolutos enquanto corte e campo, não o são, todavia, enquanto composição de partes, preceptivamente relacionadas. Como doutrina, os gêneros se arruínam na passagem do século XVIII para o XIX, quando o edifício desmorona; em seus escombros só se colhe a elocução e, nesta, apenas os tropos e figuras que, na mais recente e insuperável vulgaridade, dita *pós-moderna*, funcionam como receituário de macetes em citações descoladas. Heuristicamente introduzida em *Metrópole: Abstração*, a preceptiva permite explicitar os gêneros pertinentes enquanto identificados com os absolutos no corte dramático da narração. Como a doutrina pressupõe a homogeneidade sobre a qual o decoro e o verossímil diferenciam os gêneros, sua introdução no campo dos duais só tem pertinência heurística, à maneira da *skiagraphia*, cuja retirada deixa, como se viu, vestígios conceituais na elaboração do corte, sem comprometer a heterogeneidade dos absolutos.

Segundo a hipótese da homogeneidade, no gênero medíocre, a instrução reforça-se com o deleite e a moção que a ela se subordinam, ao passo que, no erístico, tendo-se-o por estabelecido na retórica, a comoção submete o agrado e o ensinamento que a secundam na persuasão. Elevada pela comoção e medíocre, quando não humilde, pelo ensinamento, a persuasão distingue-se pela alta intensidade dos afetos na polêmica e pela baixa na argumentação lógica. A diferença intensiva contrasta os dois gêneros, cujo plano comum, ou homogeneidade, são as três partes da persuasão, diferencialmente ponderadas. Na narração dramática de *Metrópole: Abstração*, o gênero erístico escreve em negrito os afetos da comoção, que podem extrapolar o discursivo, distinguindo o pintado, como no grito munchiano que Ricardo Marques ecoa, nas ondas da cena. São, também, hiperbólicas suas descrições da metrópole oitocentista em que a turba é toda ela barulho, assim como sua gravação das palavras de ordem das vanguardas, júbilo de outras palavras em liberdade. Erísticos, pois vanguardistas, estes afetos, como imperativos da ação revolucionária, são incisões que, como o cômico coaxar das ruas, deixam rebarbas no que concerne ao corte do polêmico e do instrutivo. Quanto ao gênero instrutivo, os afetos da ação expositiva estendem-se, morigerados, principalmente nos dois primeiros capítulos do livro; disseminados, em seu conjunto, significam o ensinamento, o de história, sendo a Arquitetura e o Urbanismo seu foco técnico. Mas o estilo de história em Ricardo Marques é moderno, embora a indeterminação e o humor amplifiquem, como afetos, sua enunciação. A história, em *Metrópole: Abstração*, é a estabelecida no século XIX, quando o gênero epidítico a abandona, expulso pelo medíocre como ensinamento da positividade, mesmo quando a negatividade é ressaltada, como no inesquecível humor marxiano. Alheia ao epidítico, exceto quando tematiza, fora de anacronismo, a Filosofia, como a diderotiana, ou a doutrina da Arquitetura, como a laugieriana, a exposição didática de Ricardo Marques evidencia a contemporaneidade de todos os que escrevemos sobre história, ainda que não seja de todo insensato imaginar um discurso decoroso com os discursos pré-românticos.

Leon Kossovitch

Bibliografia

AA VV. *Constructivismo*. Madrid, Alberto Corazón, 1973 (Comunicación).
AGACINSKI, Silvanie. *La ville inquiète: le temps de la réfletion*. Paris, Gallimard, 1987.
ARGAN, Giulio Carlo. *El arte moderno: 1770-1970*. Valencia, Fernando Torres, 1976.
_____. *L'Europe des capitales: 1600-1700*. Genéve, Ed. d'Art Albert Skira, 1964 (Art Idées Histoire).
_____. *Walter Gropius e la Bauhaus*. Torino, Giulio Eunaudi, 1951.
_____. *Arte e crítica de arte*. Lisboa, Estampa, 1988.
ARGAN, Giulio Carlo et alii. *El Pasado en el Presente: el revival en las artes plásticas, la arquitectura, el cine y el teatro*. Barcelona, Gustavo Gili, 1977 (Comunicación Visual).
ARVATOV, Boris. *Arte, Produção e Revolução Proletária*. Lisboa, Moraes, 1977.
ASOR ROSA, Alberto et alii, *Socialismo, ciudad y arquitectura: U.R.S.S. 1917-1937*. Madrid, Alberto Corazón, 1973 (Comunicación).
AUERBACH, Erich. *Mimesis*. 2. ed., São Paulo, Perspectiva, 1976, (Estudos).
AYMONINO, Carlo. *Origenes y desarollo de la ciudad moderna*. Barcelona, Gustavo Gili, 1972.
_____. *La vivienda racional: ponencias de los congresos C.I.A.M. 1929-1930*. Barcelona, Gustavo Gili, 1973 (Arquitectura y crítica).
AZEVEDO, Ricardo Marques de. *Antigos Modernos: Contribuição ao Estudo das Doutrinas Arquitetônicas (Séculos XVII e XVIII)*. Tese de livre-docência. Departamento de História da Arquitetura e Estética do Projeto da Faculdade de Arquitetura e Urbanismo da Universidade de São Paulo, 2003.
BALAKIAN, Anna. *O Simbolismo*. São Paulo, Perspectiva, 1985.
BALZAC, Honoré de. *Illusions perdues*. Paris, Gallimard, 1974.

_____. *La comedie humaine*. Paris, Fernand Hazan, 1950.
BANHAM, Reyner. *Teoria e Projeto na Primeira Era da Máquina*. São Paulo, Perspectiva, 1975 (Ensaios).
BAUDELAIRE, Charles. *As Flores do Mal*. Edição bilíngüe, Rio de Janeiro, Nova Fronteira, 1985.
_____. *Écrits sur l'art*. Paris, Ed. Gallimard et Librarie Général Française, 1971.
_____. *Petits poèmes en prose (le Spleen de Paris)*. Paris, Garnier-Flamarion, 1967.
BENEVOLO, Leonardo. *Diseño de la ciudad*. 3. ed., Barcelona, Gustavo Gili, 1981.
_____. *Orígenes de la urbanística moderna*. Buenos Aires, Tekne, 1967
BENJAMIN, Walter. *Œuvres II: Poésie et révolution*. Paris, Les Lettres Nouvelles, 1971.
_____. *A Modernidade e os Modernos*. Rio de Janeiro, Tempo Brasileiro, 1975.
_____. *Obras Escolhidas*. Vol. I, 2. ed., São Paulo, Brasiliense, 1986.
BENJAMIN, Walter; HORKHEIMER, Max; ADORNO, Theodor & HABERMAS, Jürgen. *Textos Escolhidos*. 2. ed., São Paulo, Abril Cultural, 1983 (Os Pensadores).
BERLIN, Isaiah. *Limites da Utopia*. São Paulo, Companhia das Letras, 1991.
BOILEAU-DESPRÉAUX, Nicolas. *A Arte Poética*. São Paulo, Perspectiva, 1979 (Elos).
BONFANTI, Ezio et alii. *Arquitectura racional*. Madrid, Alianza, 1980 (Alianza Forma).
BOULLÉE, Étienne-Louis. *Architecture. Essai sur l'art*. Paris, Hermann, 1968 (Miroirs de l'Art).
BRADBURY, Malcolm & MCFARLANE, James (org.). *Modernismo: Guia Geral 1890-1930*. São Paulo, Companhia das Letras, 1989.
BRETON, André. *Por uma Arte Revolucionária Independente / Breton-Trotsky*. São Paulo, Paz e Terra/CEMAP, 1985.
CACCIARI, Massimo. *Metropolis: Saggi Sulla Grande Cittá di Sombart, Endell, Scheffler e Simmel*. Roma, Officina, 1973.
CECCARELLI, Paolo. *La construcción de la ciudad sovietica*. Barcelona, Gustavo Gili, 1972 (Ciencia Urbanística).
CHAUNU, Pierre. *A Civilização da Europa das Luzes*. Lisboa, Estampa, 1985.
CHEVALIER, Louis. *Labouring Classes and Dangerous Classes in Paris During the First Half of the Nineteenth Century*. New Jersey, Princeton University Press, 1973.
CHIPP, Herschel B. *Teorias da Arte Moderna*. São Paulo, Martins Fontes, 1988 (A).
COLLINS, Peter. *Los ideales de la arquitectura moderna; su Evolución (1750-1950)*. Barcelona, Gustavo Gili, 1970 (Arquitectura y Crítica).
COLQUHOUN, Alan. *Arquitectura moderna y cambio histórico*. Barcelona, Gustavo Gili, 1978 (Arquitectura y Crítica).
CONRADS, Ulrich. *Programme und Manifeste zur Architektur des 20 Jahrhunderts*. Frankfurt-Berlin, Verlag Ullstein GmbH, 1964.
COUSINS, Albert N. & NAGPAUL, Hans (orgs.). *Urban Man and Society: A Reader in Urban Sociology*. Nova Iorque, Alfred A. Knopf, 1970.

D'ALEMBERT, J. Le Rond et alii. *Enciclopédia ou Dicionário Raciocinado das Ciências, das Artes e dos Ofícios: Discurso Preliminar e Outros Textos*. Edição bilíngüe, São Paulo, Ed. Unesp, 1989.

D'ALEMBERT, J. Le Rond et alii. *Encyclopédie ou dictionnaire raisonné des sciences, des arts & des métiers*. Genève, Pellet, Imprimeur-Librairie, 1777.

DE FEO, Vittorio. *La arquitectura en la U.R.S.S., 1917-1936*. Madrid, Alianza, 1979 (Alianza Forma).

DE FUSCO, Renato. *La idea de arquitectura: historia de la crítica desde Viollet-le-Duc a Persico*. Barcelona, Gustavo Gili, 1976 (Punto y Línea).

DE MICHELI, Mario. *Las vanguardias artisticas del siglo XX*. Madrid, Alianza, 1985 (Alianza Forma)

DIDEROT, Denis. *Sur l'art et les artistes*. Paris, Hermann, 1967 (Miroirs de l'Art).

DOESBURG, Theo van. *Principios del nuevo arte plástico y otros escritos*. Murcia, Colegio Oficial de Aparejadores y Arquitectos de Murcia, 1985.

DURAND, Jean-Nicholas-Louis. *Précis de leçons d'architecture donnés a l'École Royale Polytechnique*. Paris, Firmin Didot, 1819 (ed. fac-símile: Nördlingen, Alfons Uhl, 1985).

EIKHENBAUM, B.; SKLOVSKI, V. & TINIANOV, Y. *Formalismo y vanguardia*. Madrid, Alberto Corazón, 1973.

ENGELS, Friedrich. *El problema de la vivienda y las grandes ciudades*. Barcelona, Gustavo Gili, 1974 (Ciencia Urbanística).

_____. *A Situação da Classe Trabalhadora em Inglaterra*. Porto, Afrontamento, 1975.

ÉSQUILO, *Tragédies*. Edição bilíngüe, Paris, Belles Lettres, 1946.

FLAUBERT, Gustave. *A Educação Sentimental*. São Paulo, Difel, 1959.

_____. *Bouvard et Pécuchet*. Paris, Librairie A.-G. Nizet, 1964.

FOUCAULT, Michel. *Les mots et les choses*. Paris, Gallimard, 1966.

FRAMPTON, Kenneth. *Historia critica de la arquitectura moderna*. 2. ed., Barcelona, Gustavo Gili, 1983.

FREUD, Sigmund. *O Mal-Estar na Civilização*. Rio de Janeiro, Imago, 1974.

FRIEDRICH, Hugo. *Estrutura da Lírica Moderna: Da Metade do Século XIX a Meados do Século XX*. São Paulo, Duas Cidades, 1978.

GOETHE, Johann Wolfgang von. *Goethes Samtische Werke*. München, Elfter Bamd Georg Miller Verlag, 1911.

_____. *Fausto*. Belo Horizonte / São Paulo, Itatiaia / EDUSP, 1981.

GRASSI, Liliana. *Razionalismo architettonico dal Lodoli a G. Pagano*. Milano, Bignami, 1966.

GUINSBURG, J. (org.). *O Romantismo*. 2. ed., São Paulo, Perspectiva, 1985 (Stylus).

HEGEL, Georg Wilhelm Friedrich. *La fenomenología del espíritu*. México, Fondo de Cultura Económica, 1978.

_____. *A Fenomenologia do Espírito e Outros Escritos*. São Paulo, Abril Cultural, 1974 (Os Pensadores).

HILBERSEIMER, Ludwig. *La arquitectura de la gran ciudad*. Barcelona, Gustavo Gili, 1979.

HORKHEIMER, Max. *Eclipse da Razão*. Rio de Janeiro, Labor do Brasil, 1976.

HUGNET, Georges. *L'aventure Dada*. Paris, Galerie de l'Institut, 1957.

HUYSMANS, Joris-Karl. *À Rebours*. Paris, Garnier-Flammarion, 1978.
JEFFERSON, Thomas et alii. *Escritos Políticos*. São Paulo, Abril Cultural, 1979 (Os Pensadores).
KANDINSKY, Wassili. *De lo espiritual en el arte*. 5. ed., Barcelona, Barral, 1986.
_____. *Ponto Linha Plano*. Lisboa, Edições 70, 1987.
KANT, Immanuel. *Textos Selecionados*. São Paulo, Abril Cultural, 1980 (Os Pensadores).
KAUFMANN, Emil. *De Ledoux a Le Corbusier: origen y desarollo de la arquitectura autónoma*. Barcelona, Gustavo Gili, 1982 (Punto y Línea).
_____. *Tres arquitectos revolucionarios: Boullée, Ledoux y Lequeu*. Barcelona, Gustavo Gili, 1980 (Biblioteca de Arquitectura).
_____. *La arquitectura de la ilustración: barroco y posbarroco en Inglaterra, Itália y Francia*. Barcelona, Gustavo Gili, 1974 (Biblioteca de Arquitectura).
KIERKEGAARD, Søren Aabye. *O Conceito de Angústia*. São Paulo, Hemus, 1968.
_____. *Diário de um Sedutor e Outros Escritos*. São Paulo, Abril Cultural, 1979 (Os Pensadores).
KLEE, Paul. *Diários*. São Paulo, Martins Fontes, 1990 (A).
_____. *Teoria del arte moderno*. Buenos Aires, Calden, 1976.
KLEIN, Alexander. *Vivienda mínima: 1906-1957*. Barcelona, Gustavo Gili, 1980 (Arquitectura / Perspectivas).
KOPP, Anatole. *Quando o Moderno Não Era um Estilo e Sim uma Causa*. São Paulo, Nobel/Edusp, 1990
_____. *Ville et révolution: Architecture et urbanisme soviétiques des années vingt*. Paris, Anthropos, 1967.
_____. *Changer la vie, changer la ville: de la vie nouvelle aux problèmes urbains U.R.S.S. 1917-1932*. Paris, Union Générale d'Éditions, 1975 (10/18).
_____. *Architecture de la Période Stalinienne*. Grenoble, Presses Universitaires de Grenoble, 1978.
KOTHE, F. R. (org.). *Walter Benjamin*, São Paulo, Ática, 1985.
LAUGIER, Marc-Antoine. *Essai sur l'architecture*. Paris, Duchesne, 1755 (ed. fac-símile, Bruxelles, Pierre Mardaga, 1979).
_____. *Observations sur l'architecture*. Bauvais, Desaint, 1765 (ed. fac-símile, Bruxelles, Pierre Mardaga, 1979).
LE BOT, Marc. *Pintura y maquinismo*. Madrid, Catedra, 1979 (Ensayos).
LE CORBUSIER. *Vers une architecture*. Paris, Editions Arthaud, 1977 (Architectures).
_____. *Précisions sur un état présent de l'architecture et de l'urbanisme*. Paris, Éditions Vincent, Fréal & Cie, 1960.
_____. *Almanach d'architecture moderne*. Paris, G. Crès et Cie., 1925.
_____. *Urbanisme*. Paris, Éditions G. Crés & Cie., 1925.
LE CORBUSIER & JEANNERET, Pierre. *Œuvre complète de 1919-1929*. Zurich, Girsberber, 1956.
LEE. Rensselaer W. *Ut Pictura Poesis: la Teoría Humanística de la Pintura*. Madrid, Cátedra, 1982 (Ensayos).
LEFEBVRE, Henry. *Le droit a la ville suivi de espace et politique*. Paris, Éditions Anthropos, 1972.

LÉGER, Fernand. *Fonctions de la peinture*. Paris, Éditions Gonthier, 1965.
LÊNIN, V. I. *Obras escogidas*. Moscou, Editorial Progresso, 1979.
LIPOVETSKY, Gilles. *O Império do Efêmero: a Moda e seu Destino nas Sociedades Modernas*. São Paulo, Companhia das Letras, 1989.
LISSITZKY, El. *1929, la Reconstrucción de la Arquitectura en Rusia y Otros Escritos*. Barcelona, Gustavo Gili, 1970 (Arquitectura y crítica).
LOOS, Adolf. *Ornamento y delito y otros Escritos*. Barcelona, Gustavo Gili, 1972 (Arquitectura y Crítica).
MAIAKÓVSKI, Vladimir. *Poética*. São Paulo, Global, 1979.
MAIAKÓVSK, Vladimir. *Ordem n. 2 ao Exército das Artes*. In.: *Poesia Russa Moderna*. Traduções e notas de Augusto de Campos, Haroldo de Campos e Boris Schnaiderman, 6ª ed. rev. e ampl., São Paulo, Perspectiva, 2001. (Signos, 33).
MALLARMÉ, Stéphane. *Œuvres complètes*. Paris, Gallimard, 1945 (Bibliothèque de la Pléiade)
MANIERI ELIA, Mario. *William Morris y la ideología de la arquitectura moderna*. Barcelona, Gustavo Gili, 1977 (Punto y Línea).
MARCHÁN FIZ, Simón. *Contaminaciones figurativas: imágenes de la arquitectura y la ciudad como figuras de lo moderno*. Madrid, Alianza, 1986 (Alianza Forma).
MARX, Karl. *A Ideologia Alemã*. 3. ed., Lisboa, Presença, s. d.
_____. *Contribuição à Crítica da Economia Política*. São Paulo, Martins Fontes, 1977.
MARX, Karl e ENGELS, Friedrich. *Textos*. São Paulo, Edições Sociais, 1977.
MATOS, Olgária C. F. *Os Arcanos do Inteiramente Outro*. São Paulo, Brasiliense, 1989.
MERLEAU-PONTY, Maurice. *Textos Escolhidos*. 2. ed., São Paulo, Abril Cultural, 1984 (Os Pensadores).
MEYER, Hannes. *El arquitecto en la lucha de clases y otros escritos*. Barcelona, Gustavo Gili, 1972 (Arquitectura y Crítica).
MONDRIAN, Piet. *Arte plástico y arte plástico puro*. 2. ed., Buenos Aires, Victor Leru.
MUMFORD, Lewis. *El mito de la máquina*. Buenos Aires, Emecé Ed., 1969.
_____. *A Cidade na História*. Belo Horizonte, Itatiaia, 1965.
MUSIL, Robert. *O Homem Sem Qualidades*. Rio de Janeiro, Nova Fronteira, 1989.
NOVALIS, Friedrich von Hardenberg. *Pólen: Fragmentos, Diálogos, Monólogo*. São Paulo, Iluminuras, 1988.
PERRAULT, Claude. *Les dix livres d'architecture de vitruve*. 2. ed., Paris, Jean Baptiste Coignard, 1673 (ed. Fac-símile: Liège, Pierre Mardaga, 1988.).
PEVSNER, Nikolaus. *Estudios sobre arte, arquitectura y diseño: del Manierismo al Romanticismo, Era Victoriana y siglo XX*. Barcelona, Gustavo Gili, 1983 (Biblioteca de Arquitectura).
_____. *Pioneiros do Desenho Moderno*. Lisboa, Ulisséia, s/d.
PLATÃO. *A República*. Lisboa, Fundação Calouste Gulbekian, 1980.
PLEKHANOV, Georges. *A Arte e a Vida Social*. Lisboa, Moraes, 1977.
POE, Edgar Allan. *Tales, Poems, Essays*. London and Glasgow, Collins, 1952.

PONENTE, Nello. *Les structures du monde moderne 1850-1900*. Genève, Ed. d'Art Albert Skira, 1965 (Art Idées Histoire).
QUILICI, Vieri. *Ciudad rusa y ciudad soviética*. Barcelona, Gustavo Gili, 1978 (Ciencia Urbanística).
RILKE, Rainer Maria. *Elegias de Duíno*. 2. ed. Porto Alegre, Globo, 1976.
RIMBAUD, Arthur. *Œuvres complètes*. Paris, Gallimard, 1972.
ROSSI, Aldo. *La arquitectura de la ciudad*. Barcelona, Gustavo Gili, 1976 (Punto y línea).
ROSSI, Paolo. *Os Filósofos e as Máquinas: 1400-1700*. São Paulo, Companhia das Letras, 1989.
ROUSSEAU, Jean-Jacques. *Les confessions*. Paris, Éditions Garnier Frères, 1964.
_____. *Obras Seletas*. 2. ed. São Paulo, Abril Cultural, 1978 (Os pensadores).
_____. *Discours sur l'origine et les fondements de l'inegalité parmi des hommes*. Paris, Éditions Sociales, 1954.
_____. "Lettre a M. D'Alembert". In.: *Du contrat social ou principes du droit politique et Œuvres choisies*. Paris, Éditions Granier Frères 1962.
_____. *Œuvres complètes de J.-J. Rousseau*. Paris, Librairie Hachette, 1902.
ROWE, Colin & KOETTER, Fred. *Ciudad collage*. Barcelona, Gustavo Gili, 1981 (Arquitectura y Crítica).
RUDÉ, George. *A Multidão na História: Estudo dos Movimentos Populares na França e Inglaterra, 1730-1848*. Rio de Janeiro, Campus, 1991.
RYKWERT, Joseph. *Los primeiros modernos: los arquitectos del siglo XVIII*. Barcelona, Gustavo Gili, 1982 (Biblioteca de Arquitectura).
_____. *A Casa de Adão no Paraíso*. São Paulo, Perspectiva, 2003.
_____. *The Necessity of Artifice*. London, Academy, 1982.
SAINT GIRONS, Baldine. *Esthétique du XVIIe siècle: le modèle français*. Paris, Philippe Sers, 1990.
SCHILLER, Friedrich. *Poesia Ingênua e Sentimental*. São Paulo, Iluminuras, 1991 (Biblioteca Pólen).
SCHLOSSER, Julius von. *La literatura artística: manual de fuentes de la historia moderna del arte*. 3. ed., Madrid, Cátedra, 1976.
SCHORSKE, Carl E. *Viena Fin-de-Siècle: Política e Cultura*. São Paulo, Companhia das Letras, 1988.
SCRIVO, Luigi. *Sintesi del futurismo: storia e documenti*. Roma, Mario Bulzoni Ed., 1968.
SENNETT, Richard. *O Declínio do Homem Público: As Tiranias da Intimidade*. São Paulo, Companhia das Letras, 1988.
SERRALLER, Francisco Calvo et alii (orgs.). *Ilustración y romanticismo*. Barcelona, Gustavo Gili, 1982 (Fuentes y documentos para la historia del arte).
SEUPHOR, Michel. *L'art abstrait*. Paris, Maeght Editeur, 1971.
SICA, Paolo. *La imagen de la ciudad: de Esparta a Las Vegas*. Barcelona, Gustavo Gili, 1977 (Arquitectura / Perspectivas).
_____. *Historia del urbanismo: el siglo XX*. Madrid, Instituto de Estudios de Administración Local, 1981.
SIMMEN, J. & KOHLOFF, K. *Kazimir Malevitch: Vida e Obra*. Colônia, Könemann, 2001.
STANGOS, Nikos (comp.). *Conceptos de arte moderno*. Madrid, Alianza, 1986 (Alianza Forma).

STAROBINSKI, Jean. *1789: Os Emblemas da Razão*. São Paulo, Companhia das Letras, 1988.

_____. *Jean-Jacques Rousseau: a Transparência e o Obstáculo; Seguido de Sete Ensaios sobre Rousseau*. Paris, Gallimard, 1971 (Bibliothèque des Idées).

_____. *L'invention de la liberté: 1700 – 1789*. Genève, Ed. d'Art Albert Skira, 1987 (Art Idées Histoire).

STENDHAL. *De l'amour*. Paris, Gallimard, 1980.

_____. *O Vermelho e o Negro*. São Paulo, Abril Cultural, 1979.

_____. *Lucien Leuwen*. Rio de Janeiro, Francisco Alves, 1979.

STORCH, Robert D. "O Policiamento Cotidiano na Cidade Vitoriana". In.: *Revista Brasileira de História*. Vol. 5, n. 8/9, Rio de Janeiro, ANPUH/Marco Zero, 1985.

SUBIRATS, Eduardo. *A Flor e o Cristal*. São Paulo, Nobel, 1988.

SULLIVAN, Louis Henri. *Autobiografia de una idea*. Buenos Aires, Infinito, 1961.

SYPHER, Wylie. *Do Rococó ao Cubismo na Arte e na Literatura*. São Paulo, Perspectiva, 1985 (Stylus)

TAFURI, Manfredo. *La esfera y el laberinto: vanguardias y arquitectura de piranesi a los años setenta*. Barcelona, Gustavo Gili, 1984 (Biblioteca de Arquitectura).

_____. *Projecto e utopia: arquitectura e desenvolvimento do capitalismo*. Lisboa, Presença, 1985.

_____. *Teorias e História da Arquitectura*. Lisboa, Presença, 1979.

_____ et alii. *De la vanguardia a la metropoli; crítica radical a la arquitectura* Barcelona. Gustavo Gili, 1972 (Arquitectura y Crítica).

TROTSKY, Leon. *Literatura e Revolução*. Rio de Janeiro, Zahar, 1969.

VALÉRY, Paul. *Variedades*. São Paulo, Iluminuras, 1991.

VAN DE VELDE, Henry. *Os Fundamentos do Estilo Moderno*. São Paulo, FAU USP, 1962.

VARGAS LLOSA, Mario. *A Orgia Perpétua*. Rio de Janeiro, Francisco Alves, 1979.

VELHO, Gilberto (org.). *Sociologia da Arte III*. Rio de Janeiro, Zahar, 1967.

VELHO, Otávio G. (org.). *O Fenômeno Urbano*. Rio de Janeiro, Zahar, 1976.

VENTURI, Lionello. *Historia de la crítica de arte*. 2. ed., Barcelona, Gustavo Gili, 1982 (Punto y Línea).

VOLTAIRE. *Candide*. In: *Romans*. Paris, Hachette, 1962.

WEBER, Max. *Historia económica general*. 3. ed., México, Fondo de Cultura Económica, 1961.

WILLIAMS, Raymond. *O Campo e a Cidade na História e na Literatura*. São Paulo, Companhia das Letras, 1989.

WINGLER, Hans M. *La Bauhaus: Weimar Dessau Berlin, 1919-1933*. 2. ed., Barcelona, Gustavo Gili, 1980 (Biblioteca de Arquitectura).

WÖRRINGER, Wilhelm. *Abstracción y naturaleza*. 2. ed., México, Fondo de Cultura Económica, 1966.

YEATS, William Butler. *Essays and Introductions*. London, Macmillan, 1961.

ZEVI, Bruno. *Poética de la arquitectura neoplástica*. Buenos Aires, Victor Lerú, 1953.

URBANISMO NA PERSPECTIVA

Planejamento Urbano
 Le Corbusier (D037)
Os Três Estabelecimentos Humanos
 Le Corbusier (D096)
O Substantivo e o Adjetivo
 Jorge Wilheim (D114)
Arquitetura, Industrialização e Desenvolvimento
 Paulo J. V. Bruna (D135)
Escritura Urbana
 Eduardo de Oliveira Elias (D225)

O Urbanismo
 Françoise Choay (E067)
Regra e o Modelo
 Françoise Choay (E088)
Cidades do Amanhã
 Peter Hall (E123)
Metrópole e Abstração
 Ricardo M. de Azevedo (E224)
Área da Luz
 R. de Cerqueira Cesar, Paulo J. V. Bruna, Luiz R. C. Franco (LSC)